Le Code pénal ivoirien

Collection *Sciences criminelles*
dirigée par Robert Cario

La collection ***Sciences criminelles*** se destine à la publication de travaux consacrés à l'analyse complexe du phénomène criminel. Multidisciplinaire par définition, elle a vocation à promouvoir les réflexions critiques portées par les disciplines impliquées, dont l'angle d'approche spécifique enrichit la connaissance globale du crime, tant en ce qui concerne les protagonistes (infracteur, victime, société) que les stratégies d'intervention sociale (prévention, répression, traitement). En France comme à l'étranger.
Les contributions, émanant de chercheurs, de praticiens de la justice ou du travail social, empruntent la forme d'ouvrages de doctrine, de recherches collectives ou d'actes de rencontres scientifiques.

Deux séries complètent la Collection. Le ***Traité de sciences criminelles***, multi-auteurs, présente sous la forme de manuels les principales disciplines qui composent les sciences criminelles : philosophie criminelle, criminologie, politique criminelle, droit criminel, procédure pénale, criminalistique, médecine légale et victimologie.

Les ***Controverses*** rassemblent de courts essais sur des questions majeures de la connaissance scientifique dans le champ criminologique. En pointant leurs contradictions, (re)découvertes et zones d'ombre, les réflexions participent à une meilleure compréhension de la complexité des conduites humaines.

Derniers ouvrages parus
N. Pignoux, La réparation des victimes d'infractions pénales
P. Mbanzoulou, La médiation pénale (nouvelle édition)
A. Jafari, Droit bancaire islamique
Y-C. Quéro, La gouvernance nodale du réseau de sécurité locale
N.Y. Doumia, Le maintien de l'ordre en Côte d'Ivoire

Traité de sciences criminelles
2.1. R. Cario, Victimologie (4èd. 2012)
9. R. Cario, S. Ruiz-Vera, Droit(s) des victimes (2015)

Controverses
H. Lemaître, La prévention de la délinquance
I. Dréan-Rivette, Des sentences et des peines

V. également la collection Criminologie
J. Motte dit Falisse, F. Ludwiczak (Dir.), Du sens de la peine
C. Trotter, Le suivi des usagers involontaires

Série Champ pénitentiaire
P. Mbanzoulou, P. Pottier (Dir.), Santé et justice
S. Jacopin, J.M. Larralde, *Le droit aux visites des personnes incarcérées*

Eloi K. Yao

Le Code pénal ivoirien

Annoté article par article,
enrichi de la jurisprudence des Cours
et Tribunaux de Côte d'Ivoire

L'Harmattan

5-7, rue de l'École-Polytechnique ; 75005 Paris

http://www.editions-harmattan.fr

ISBN : 978-2-343-15405-3

EAN : 9782343154053

Avertissement

L'objectif de cet ouvrage est de faciliter la compréhension du Code pénal ivoirien, de manière à le rendre accessible à tous ceux qui souhaitent en connaître les normes d'incriminations et de pénalités. Depuis quelques années, l'actualité juridique ivoirienne offre de constater des initiatives de réforme du Code pénal et du code de procédure pénale. Ce processus qui s'inscrit dans la perspective de la politique pénale de l'État de Côte d'Ivoire a servi de boussole à son auteur. Pour autant, cette œuvre ne constitue pas une étude exhaustive du droit pénal ivoirien, mais s'illustre comme un essai de présentation du Code pénal ivoirien, à travers ses différentes dispositions souvent ignorées.

Afin de toucher un public plus large, les notes ci-après sont rédigées en français facile et tiennent compte des récentes réformes pénales. Au moment où le Code pénal opère sa mue, l'occasion paraît bien indiquée pour élaborer le bilan de son application par le juge répressif, depuis 1981, date de son entrée en vigueur, à nos jours. Entreprendre l'annotation des 502 articles du Code pénal, les uns après les autres, est assurément un exercice hardi, d'intense fouille documentaire et d'analyse.

C'est ce à quoi l'auteur a voulu se prêter, dans l'espoir que les enseignants, les chercheurs, les professionnels ainsi que les étudiants y trouvent de quoi assouvir leur curiosité savante. Les lecteurs découvriront dans ce premier Tome, les explications des dispositions communes à l'ensemble des infractions et celles du Titre I du Livre premier du Code pénal, le tout soutenu par des décisions pertinentes tirées de la jurisprudence pénale ivoirienne.

Introduction

Pourquoi codifier les normes pénales ? Codifier, c'est rassembler en un corps de droit les règles qui gouvernent une matière donnée. À ce titre, la codification présente des avantages. En effet, elle est conçue comme le plus haut degré de législation, expression de la souveraineté de l'État, en matière pénale. Elle recouvre un double projet : rationaliser une matière éparse, en ordonnant les sources du droit et réformer en même temps le système juridique [1].

Pour J. Bentham et M. Delmas-Marty, la codification est par excellence un instrument de réforme altruiste dont la fonctionnalité l'emporte sur la structure formelle [2]. Selon ces auteurs, codifier ce n'est pas se borner à mettre par écrit ou à ordonnancer le droit existant (*Law as it is*), c'est aussi élaborer le droit le meilleur (*Law as is ough to be*) [3].

La codification n'implique pas simplement le rassemblement ou la compilation d'un nombre plus ou

---

1 M. DELMAS-MARTY, P. LASCOUMES, « Réformer le Code pénal : où est passé l'architecte ? », Ed. PUF, Paris, 1998, p. 17.

2 J. BENTHAM, « Introduction to the principles of moral legislation », 1789 cité par M. Delmas- Marty, « Réformer le Code pénal : où est passé l'architecte ? », Ed. PUF, Paris, 1998, p. 9.

3 *Ibidem.*

moins élevé de textes. Elle appelle au moment où la réunion des textes est faite, diverses réformes de fond, soit parce que les circonstances qui ont conduit à souhaiter une codification nécessitent une modernisation ou une adaptation du droit existant à l'évolution sociale et politique, soit parce que, chemin faisant, le législateur décide d'améliorer certaines règles antérieures [1].

Certes, la codification est l'occasion de la mise en ordre des normes d'incriminations et de pénalités, afin de leur donner une certaine cohérence, de manière à la rendre facile d'accès et plus utile. Elle répond à un ordonnancement juridique rationnel [2]. Cependant, c'est également l'occasion de procéder à une réforme profonde à partir d'une analyse de la pertinence de la règle de droit et de son utilité pratique. Il s'agit donc d'une œuvre créatrice et de rénovation de l'ensemble d'une matière qui réunit, sous une nouvelle aspiration commune, des règles traditionnelles et des règles nouvelles en une construction cohérente ayant vocation à instaurer ou à renouveler un ordre juridique[3]. Le Code pénal étant au cœur de cette réforme, il convient de s'interroger quant à l'intérêt du maintien, dans ce corpus juridique, des infractions atteintes de sclérose et qui, par la force de l'évolution de la société, semblent tomber en désuétude.

---

1. V° en ce sens F. TERRE, « Introduction générale au droit », Ed. Dalloz, 7e éd., Paris, 2006, p. 348.

2. C'est une œuvre de rationalisation et de réforme. V° en ce sens Yves CARTUYVELS, « D'où vient le Code pénal ? Une approche généalogique des premiers codes pénaux absolutistes au XVIIIe siècle », Bruxelles, De Boeck, 1996.

3. Jean-Louis BERGEL, « Méthodologie juridique », Coll. Thémis, Ed. PUF, Paris, 2001, p. 323.

Tout système juridique est conçu comme une unité de temps et d'espace à laquelle il est étroitement relié [1]. Il se conçoit à un moment donné, occupe une plage de temps, s'assure une certaine pérennité, même en se transformant de l'intérieur et s'enracine dans un espace donné, appelé « espace juridique » représenté par un réseau de rapports de droit [2].

Tout système juridique est étroitement lié à l'espace qui correspond à un territoire donné sur lequel vivent des hommes et qui sont eux-mêmes nécessaires à sa construction [3]. Ce faisant, il doit, pour sa survie, se mettre en quête permanente d'adaptation pour mieux répondre aux besoins de la société.

De façon concrète, il doit tenir compte des transformations ou plus exactement des mutations sociales [4], des attentes ou des problématiques qu'induisent celles-ci. À défaut, il finit par révéler ses limites, ses contradictions et naturellement par susciter des doutes, voire des inquiétudes, quant à son efficacité et son intérêt. Par exemple, quel intérêt y a-t-il à incriminer la pratique de la dot, alors même que la dot est une institution fortement enracinée dans les mœurs des sociétés africaines ? Quel intérêt y a-t-il à ériger en infraction des faits sociaux ou des

---

1. V° les travaux du professeur NENE BI Boti Séraphin, « Introduction historique au droit ivoirien », Ed. CNDJ, 2016.

2. Jean CARBONNIER, « Sociologie juridique », Ed. Quadrige/PUF, Paris, 1978, p. 348 et s.

3. V° Boti Séraphin NENE BI, « Introduction historique au droit ivoirien », *Op. cit.*

4. Sur les mutations sociales, V° G. ROCHER, « Introduction à la sociologie générale. Le changement social », Ed. HMH, 1968, p. 16 et s.

habitudes faisant partie intégrante des traditions ou coutumes africaines ?

En réalité, comme le rappelle le doyen Carbonnier, « chaque peuple a sa physionomie, sa constitution spéciale, son droit, sa morale, son organisation qui ne convient qu'à lui seul et toute généralisation est à peu près impossible » [1]. Faut-il continuer de réprimer pénalement l'adultère [2], alors même que la question est traitée au plan civil comme une cause du divorce ? Faut-il réserver nécessairement une réponse pénale à la mendicité ou à la bigamie ? Faut-il maintenir leurs auteurs dans le champ pénal ou faut-il envisager des réponses alternatives pour traiter ces cas ? Autant de questions qui méritent une sérieuse réflexion.

Toutes les pratiques ou tous les comportements d'écart aux normes préétablies dans une société donnée ne peuvent se réduire au droit ni se résoudre par le droit. Le droit n'est pas seul à tout régler, à rythmer la vie de la société, à imposer aux hommes en société une certaine unité de conduite. L'individu est enserré dans plusieurs réseaux de normes [3]. Certes, dans l'imagerie populaire, le droit est perçu comme un ensemble de règles et de normes de conduite, ce qui est, du reste, réducteur. Cependant, comme le rappelle un éminent juriste africain, « si le droit se définit comme un corps de règles ou de conduites régissant les

---

1. Émile DURKHEIM, « Les règles de la méthode sociologique », Ed. PUF, 16e éd., Paris, 1967, p. 76 et s.

2. Signifie, relations sexuelles entre une personne mariée et une autre personne que le conjoint (Art. 392, C.P.).

3. Jean CARBONNIER, « Droit et passion du droit, sous la Ve République », Ed. Flammarion, 1996, p. 114.

corps sociaux, toutes les règles qui gouvernent la conduite des hommes ne sont pas des règles de droit » [1].

En effet, il y a dans la société d'autres normes de conduite que le droit [2] et la règle de droit entretient des rapports étroits avec les autres règles de conduite sécrétées par la société [3]. Par exemple, dans les sociétés africaines d'hier et d'aujourd'hui, se soumettre au rituel de la dot est une pratique courante fortement implantée dans les mœurs. C'est une règle de conduite relevant du droit traditionnel et à laquelle sont attachées ces sociétés, de sorte que le fait de « doter » une femme ne constitue pas une infraction, mais bien au contraire un signe de respect à l'égard de la future épouse et des beaux-parents. Le paiement intégral de la dot scelle l'union entre deux groupes familiaux [4] et le mariage devient opposable à tous. Le contraire constituerait une insulte aux yeux de la communauté. C'est ce qui explique la pérennité de cette pratique, à côté du rituel du mariage civil, nonobstant l'interdiction légale dont elle est l'objet. La dot constitue encore de nos jours, le symbole de l'union de deux familles alliées. Sans elle, le mariage n'est pas réalisé [5].

La plupart des pays du continent africain connaissent la dot et continuent d'en autoriser la pratique. L'importance de la dot est telle qu'une personne (femme) mariée sans la dot est considérée comme si elle ne l'est pas

1. Réné DEGNI-SEGUI, « Introduction au droit », Collection Sciences Juridiques, EDUCI, 2009, p. 17 et s.

2. Jean CARBONNIER, *Op. cit.*, p. 305.

3. Réné DEGNI-SEGUI, *Op. cit.*.

4. Cf. Gilbert PENE, « La dot traditionnelle en Côte d'Ivoire », RID, 1972/2, Doctrine, p. 11 et s.

5. *Ibid.*

véritablement [1]. Par ailleurs, la pratique et la survivance de la dot sont le signe de l'existence d'une « pensée juridique » ivoirienne [2] qui a su résister au phénomène d'acculturation juridique imposé par l'implantation du droit écrit d'inspiration française et qui préside à la survivance du droit traditionnel.

Il existe un profond désaccord entre les conceptions populaires (tirées des coutumes africaines) de l'infraction et celles forgées par le droit pénal moderne (droit écrit) [3]. L'exemple le plus frappant est celui offert par les sociétés traditionnelles africaines tiraillées par la coexistence tumultueuse de deux systèmes juridiques, l'un traditionnel basé sur les croyances et les coutumes ancestrales et l'autre inspiré d'un droit d'importation [4]. En clair, ce qui peut

---

1. Cf. KOMOIN François, « Ah ! La dot », in Actualité Juridique (AJ), 2008, n° 59, p. 273.

2. Position défendue par un éminent juriste ivoirien. Pour ce chercheur, les Africains, en particulier les Ivoiriens, ont une pensée juridique. En effet, pour ce dernier, le droit coutumier et toutes les normes non écrites qui régissent la vie en communauté montrent à suffisance que les sociétés africaines ont, d'une façon générale, une pensée juridique dont il faut tenir compte dans l'élaboration des normes juridiques. Cela implique de tenir compte des valeurs et coutumes africaines tant qu'elles ne sont pas contraires à l'évolution des mœurs. Voir Intervention du Pr. Jacqueline OBLE au cours du débat sur le thème « Existe-il une pensée juridique ivoirienne en droit public ? » organisé par le Centre ivoirien pour le développement du droit (CIDD), le mercredi 15 février 2017 (Cf. Soir Info n° 6708 du jeudi 16 février 2017, p.5.).

3. V° COSTA-LASCOUX, GOUDOT, MELONE, RIVES, VERHAEGEN, MANGIN, « Aspects significatifs de la politique criminelle des pays africains », APC, Ed. A. Pedone, Paris, n°1, 1975, p. 91 et s.

4. V° Travaux du 5e Colloque de Criminologie comparée d'Afrique occidentale sur le droit pénal moderne et la survivance de la justice

apparaître comme un crime ou un délit, selon le droit pénal moderne, ne l'est pas nécessairement au regard des traditions ou des coutumes locales.

Le moins que l'on puisse dire, c'est que le crime ne suscite pas dans toutes les sociétés le même degré de réprobation. Il est perçu différemment, selon le contexte ou l'espace dans lequel l'on se situe. Par exemple, en Côte d'Ivoire, chez les *Agni* d'Aboisso, une vieille croyance légitimait l'infanticide du dixième enfant d'une même famille pour préserver les autres frères et sœurs du mauvais sort [1]. Chez les *Attié* et les *Abouré*, le neuvième enfant était systématiquement éliminé, tandis que dans certains sous-groupes *Baoulé* (dans la région de *Toumodi*), le troisième enfant d'une famille, s'il s'agissait d'un garçon né après deux filles, était appelé « kindock » et était tué [2]. De même, les *Ruhuba* au Nigeria ne comprenaient pas les raisons pour lesquelles les Anglais leur interdisaient de tuer le second-né de jumeaux [3].

Le droit ne reflète qu'une partie de la vie sociale et, par conséquent, ne nous fournit que des données incomplètes pour résoudre les problèmes auxquels doit faire face la

---

traditionnelle », Université d'Abidjan, Centre International de Criminologie Comparée, Université de Montréal, mai 1975, p. 23 et s

1. Yves BRILLON, « Ethnocriminologie de l'Afrique Noire », Ed. Vrin, Paris, 1981, p. 93.

2. *Idem.*

3. V° J.-C. MULLER, « Droit coutumier et structures judiciaires nouvelles : quelques considérations » ; « L'Afrique occidentale : développement et société », Centre International de criminologie Comparée, Université de Montréal, 1972, Pp. 368-379.

société [1]. Il n'est pas rare que le droit entretienne une relation conflictuelle avec les mœurs qui, bien que n'ayant pas valeur de loi, contribuent significativement au contrôle social, au même titre que les lois pénales [2].

Certes, les pratiques anciennes précédemment exposées ont disparu, sous l'influence de la modernisation et du droit écrit. Cependant, il serait prétentieux d'affirmer que la colonisation a fait disparaître toutes les coutumes auxquelles les Africains sont attachés et s'identifient [3]. Raison pour laquelle de nombreux intellectuels africains militent pour la sauvegarde et la consolidation de la pensée juridique [4] africaine. Cette pensée juridique induit la prise en compte intelligente des réalités locales, lors de l'élaboration des lois. Car, le droit est l'« existence d'une volonté libre », quelque chose, en général, de sacré, parce qu'il est l'existence du concept absolu de la liberté consciente de soi [5].

Dans les sociétés traditionnelles africaines, par exemple, la principale source du droit est la coutume. Les règles

---

1. Émile DURKHEIM, « De la division du travail social », Ed. Quadrige/PUF, Paris, 1996, p. 29.

2. V° Emille DURKHEIM, « De la division du travail social », Ed. PUF, Paris, 1996, p. 29.

3. COSTA-LASCOUX (J.), « De l'acculturation à la transculturation : l'exemple des droits pénaux africains », L'Année sociologique, Vol. 27, 1976, p. 425 et s. ; BRILLON (Y.), « Les attitudes des populations à l'égard du système pénal. Une perception négative », RICPTS, Vol. XXXVI, n° 1, 1983, Pp. 76-88.

4. A propos de la pensée juridique, V° Michel VILLEY, « La formation de la pensée juridique moderne », Ed. PUF, Paris, 2003, 624 p.

5. G.W.F. HEGEL, « Principes de la philosophie du droit », Ed. Gallimard, 1940, p. 70.

qu'elle sécrète subsistent grâce au consentement continuel des populations qui s'y soumettent. Le caractère de l'intention répétitive ou d'application universelle se trouve sous-jacent au droit coutumier [1].

Pour le reste, la codification peut constituer une excellente opportunité pour ouvrir d'autres champs de réflexion sur des questions à relent pénal telles que : la répression de l'homosexualité, la responsabilité pénale des acteurs publics, notamment les élus locaux, les ministres, le Président de la République, les présidents d'institutions, les dirigeants de sociétés, les responsables d'organes de presse, etc...

Un code pénal a vocation à énoncer les valeurs et les intérêts fondamentaux d'une société donnée et qui mérite une protection particulière [2]. Considéré sous cet angle, le Code pénal présente un aspect instrumental. Il se présente comme « un instrument de pédagogie de la citoyenneté et de la responsabilité sociale » [3]. Il est nécessairement porteur d'un message. En effet, au-delà de l'argumentaire tenant à la visibilité, à la rationalité et à la cohérence des normes, le Code pénal est la résultante d'une sélection de valeurs ou, du reste, la mise en état des valeurs essentielles à la vie en communauté. C'est donc un instrument de sécurité juridique, de prévention et de règlement des conflits qui

---

1. Yves BRILLON, « Ethno-criminologie de l'Afrique Noire », Presses de l'Université de Montréal (P.U.M.), Vrin, 1980, p. 34.

2. Ch. LAZERGES, « A propos des fonctions du nouveau Code pénal français », APC, Ed. A. Pedone, Paris, 1995, n° 17, p. 27 et s.

3. F. TULKENS, « Le mouvement de réforme des codes et le nouveau Code pénal français », APC, Ed. A. Pedone, Paris, n° 17, 1995, p. 27 et s.

s'adresse de façon impersonnelle à l'ensemble de la collectivité et qui s'impose *erga omnes* à tous.

Dans la pratique, tout code en général et, de façon singulière, un code pénal constitue un instrument de travail à la disposition des professionnels du droit, des enseignants, des chercheurs et des étudiants en droit. Compte tenu de son importance, les règles de droit énoncées dans le Code pénal devraient être rédigées de façon non équivoque, afin de faciliter leur compréhension et leur application, ce qui faciliterait le travail du juge. Or, celles-ci paraissent souvent obscures, ce qui justifie le recours aux bons offices du juge, à son pouvoir d'interprétation, pour clarifier le sens de la règle de droit, un exercice empreint de subjectivité.

En effet, les techniques d'interprétation supposent l'existence d'un raisonnement, lequel est essentiellement de type syllogistique. Seulement, ce raisonnement judiciaire présente parfois des insuffisances [1]. C'est pourquoi, le juge interprétant de façon souveraine la règle de droit, la démarche d'interprétation entre directement dans le champ du contrôle exercé par la Cour de cassation [2].

Ce contrôle est, en réalité, un contrôle des motifs de la décision des juges du fond par la juridiction suprême saisie à l'occasion d'un pourvoi en cassation [3]. Le contrôle opéré

---

1. Michel de JUGLART, Alain PIEDELIEVRE et Stéphane PIEDELIEVRE, « Cours de droit civil », Ed. Montchrestien, 2000, p. 79 et s.

2. Christian CHARRUAULT et Xavier BACHELLIER, in AJ, n° 68/69 2010.

3. A propos du contrôle exercé par la Cour de cassation sur les décisions des juges du fond, voir notamment Marie-Noëlle JOBARD-

par la juridiction suprême saisie d'un pourvoi est essentiel en matière pénale, en ce sens qu'il est destiné à censurer les erreurs de droit et à permettre au juge suprême de veiller au respect de la loi.

L'exigence du respect de la loi justifiée par le principe de la légalité des délits et des peines et l'égalité devant la loi est davantage renforcée en matière pénale [1]. En matière pénale justement (matière qui touche de si près l'exercice des libertés), il est absolument essentiel de contenir les juridictions de répression dans les limites de leurs pouvoirs. En cela, l'exacte application de la loi et l'uniformité de son interprétation constituent les conditions du respect de ces principes, lesquels ne seraient plus respectés, si une même loi était appliquée ou interprétée de façon différente par les juges du fond.

Dès lors, l'on comprend aisément la méfiance de Portalis à l'égard de l'interprétation du juge exprimée à travers cette célèbre assertion : « en matière criminelle où il n'y a qu'un texte formel et préexistant qui puisse fonder l'action du juge, il faut des lois précises et point de jurisprudence » [2]. Malgré la pertinence de cette pensée, l'interprétation des lois qui suppose la recherche de leur vrai sens est une nécessité. D'une part, parce que le juge, une fois saisi, est tenu de statuer [3] et, d'autre part, parce que parfois certaines

---

BACHALLIER et Xavier BACHALLIER, « La technique de cassation » Ed. Dalloz, 5e éd., Paris, 2003, 177 p.

1. Jacques BORE et Louis BORE, « La cassation en matière pénale », Dalloz Action, Paris, 2004, p. 7.

2. Jean PRADEL, « Droit pénal. Introduction générale au droit pénal », Ed. Cujas, t.1, 7e éd., Paris, 1989, p. 181.

3. V° art. 4 C. civ.

dispositions de la loi elle-même sont tellement confuses ou contradictoires que l'intervention du juge est inévitable.

Le processus de codification des normes pénales en droit ivoirien poursuit son cours, en témoignent les récentes réformes pénales. C'est une œuvre exclusivement réservée à l'État, tout comme l'est la matière pénale d'une façon générale. En effet, le monopole de l'État, en matière pénale, correspond à une représentation traditionnelle qui prédomine dans les manuels de droit [1] et à une conception, consacrée scientifiquement, selon laquelle « étatisation du politique et pénalisation vont de pair » [2] ; ce qui permet d'affirmer : « pas de pénal sans État, pas d'État sans pénal » [3]. En fait, c'est à l'État, en tant qu'organisateur de la vie en société et détenteur du monopole de la violence légitime, de déterminer, à travers la loi *lato sensu*, les infractions et les sanctions y afférentes. Les lois pénales instituent symboliquement et matériellement les principes et techniques qui assurent le pouvoir légitime de punir [4]. Aussi, ont-elles un caractère politique, au sens où elles constituent l'un des principaux leviers de la « chose publique », dans sa double dimension symbolique des

1. M. DELMAS-MARTY, « Pour un droit commun », Ed. Seuil, 1994, p. 53.

2. Ph. ROBERT, « Essai de construction d'un paradigme pénal » *In* Ph ROBERT, Fr. SOUBRIAN- PAILLET et Van de KERCHOVE (éds), « Normes, normes juridiques, normes pénales : pour une sociologie des frontières », Ed. L'Harmattan, t.2, Paris, 1997, p. 54.

3. R. LEVY et X. ROUSSEAU, « le pénal dans tous ses états », *In* X. Rousseau et R. Levy (éds), « Le pénal dans tous ses états. États et sociétés en Europe XIIIe-XXe siècles », Bruxelles, Publications des Facultés universitaires Saint-Louis, 1997, p. 15.

4. Pierre LASCOUMES, Pierrette PONCELA, Pierre LENOËL, « Au nom de l'ordre, une histoire politique du Code pénal », Ed. Hachette, 1989.

valeurs et des intérêts qui la fondent et instrument d'application de la violence légitime [1]. Pour traduire cette idée E. Kant déclarait que le droit de punir appartient au souverain. Selon cet auteur, il s'agit d'un privilège exorbitant que détient le pouvoir souverain au moyen duquel il exerce sur la société un contrôle quasi permanent.

Soucieux de mettre à la disposition des justiciables des lois conformes aux réalités locales, le législateur ivoirien a complété l'arsenal répressif en vigueur par l'adoption d'un nouveau code pénal, se démarquant ainsi du Code pénal français de 1810. Cette réforme constitue l'un des piliers de la construction de l'État moderne, à l'instar de nombreux pays africains qui ressentent le même besoin de réviser leurs systèmes juridiques hérités de la colonisation. Ces pays veulent établir un système juridique « moderne » [2] qui s'adapte aux mutations accélérées, tout en conservant leur africanité [3].

La réforme de 1981 offre l'occasion d'affirmer solennellement les valeurs auxquelles s'attache le peuple ivoirien : l'égalité de tous devant la loi, l'unité nationale, le développement économique et social, la propriété privée, la démocratie et les droits de l'homme. En réalité, elle traduit la vision des autorités ivoiriennes, en matière de répression des infractions et, au-delà, la politique criminelle de l'État. Cette réforme a permis de dégager un système de répression

---

1. Pierrette PONCELA, Pierre LACOUMES, « Réformer le Code pénal, où est passé l'architecte ? », Ed. PUF, Paris, 1998, p. 9.

2. Sur la modernisation du droit en Afrique, voir P.-F. GONIDEC, « Réflexion sur l'État et le droit en Afrique », Penant, n° 783, Paris, 1984, p. 16 et s.

3. Maryse RAYNAL, « Politique criminelle et justice traditionnelle en Centrafrique », APC, Ed. A. Pedone, Paris, 1992, p. 56 et s.

organisé, selon des lignes directrices concertées [1], lesquelles constituent les repères de sa politique criminelle [2].

Pour la plupart des dirigeants africains, la codification est un moyen de parvenir à l'unité nationale et au développement économique des jeunes États affranchis du joug colonial, malgré l'extrême diversité des droits traditionnels très influents [3]. À la vérité, le législateur, à travers la codification des normes pénales, porte un regard nouveau sur la société ivoirienne. Il est persuadé que pour permettre à l'État d'être organisateur de la vie collective, créateur des normes juridiques, détenteur exclusif du monopole du pouvoir répressif des actes contraires aux valeurs sociales juridiquement protégées, une protection de l'État et de ses institutions s'impose.

D'ailleurs, de nombreuses infractions dans la partie spéciale du Code pénal sont consacrées prioritairement à la protection de l'État. Le Chapitre 2 du Livre 1er dans cette partie traite essentiellement des crimes et délits contre l'État. Chaque infraction est définie de façon précise et rattachée à une pénalité fixe, l'objectif étant de rendre plus

---

1. Le code pénal est la forme suprême de l'œuvre législative et représente l'apogée de la légitimité pénale, le droit de punir devient l'expression de cette légitimité, Voir François TULKENS, « Le mouvement de réforme des codes et le nouveau code pénal français », *Op. cit.*, p. 17.

2. Tout système pénal, c'est-à-dire toute organisation étatique d'un régime légal d'incrimination, a nécessairement une politique criminelle, fût-elle embryonnaire, implicite ou non encore développée en philosophie pénale. Voir Marc ANCEL, *Op. cit.*, p. 16.

3. V° Réné DEGNI-SEGUI, in Encyclopédie juridique de l'Afrique Noire, Ed. NEA, 1982.

aisée l'application ou l'interprétation de la disposition y afférente. Le plus important, semble-t-il, est que le juge y trouve des incriminations substantielles permettant de sanctionner sévèrement tous ceux qui s'attaquent ou seraient tentés de porter atteinte aux intérêts « supérieurs » de l'État. Par ailleurs, dans cette partie du code, on observe un mouvement de pénalisation graduelle, selon l'intérêt en jeu, tandis que la classification des infractions s'apparente à une classification des valeurs communes, par ordre d'importance. Suivant cette hiérarchie de valeurs, la sûreté de l'État, la défense nationale, la sécurité publique, la constitution sont élevées au plus haut rang et emportent les pénalités les plus sévères.

Viennent en second lieu, les infractions contre l'économie, les services publics, la salubrité et la moralité publique. Depuis un certain temps, il est donné de constater l'émergence d'une politique pénale tendant au renforcement de la répression des atteintes contre les biens de l'État stigmatisées par les infractions contre les deniers publics. Parallèlement, on assiste à une résurgence des préoccupations liées à la sauvegarde des droits subjectifs des personnes, un intérêt grandissant pour la sauvegarde de la vie et la dignité humaine et le renforcement de la répression de toutes formes d'atteintes à cette valeur que constituent les droits de l'Homme, désormais inscrits dans le bloc de constitutionnalité [1].

En effet, les récentes réformes intervenues en matière pénale accordent une place prépondérante au respect des droits de l'Homme. Dorénavant, le droit pénal ivoirien réprime les crimes contre l'humanité, les crimes de

1. Cf. Préambule de la Constitution ivoirienne de 2016.

génocide, les crimes de guerre qui sont considérés comme des crimes internationaux par définition conventionnels, lesquels sont depuis peu intégrés dans l'ordre juridique interne [1]. Cette nouveauté de la législation ivoirienne coïncide avec l'abolition de la peine capitale, une initiative qui range la Côte d'Ivoire parmi les pays qui accordent un intérêt au respect de la dignité humaine.

À côté de ces infractions, le Code pénal réprime le racisme, la xénophobie, le tribalisme, toutes les formes de discriminations raciales et religieuses, ainsi que les atteintes à l'intégrité physique des personnes, avec en ligne de mire les mutilations pratiquées sur le corps humain [2].

S'agissant de la gestion des deniers publics et de la moralisation de la vie publique, un pas important a été franchi, par le renforcement du cadre juridique vieillissant de répression de la corruption [3].

En revanche, le développement des technologies de l'information et de la communication incline à la définition d'un cadre légal et règlementaire rénové pour lutter plus efficacement contre la cybercriminalité [4] et enrayer les menaces qu'elle représente pour l'économie [5]. À cet effet, la sécurisation des transactions économiques via Internet et

---

1. Loi n° 2015-134 du 9 mars 2015, précitée, Art. 137 et s. du CP.
2. Cf. Loi n° 2008-222 du 4 août 2008, Art 199 à 201-1 du CP.
3. Cf. Ordonnance 2013-660 du 20 septembre 2013, précitée.
4. Sur la cybercriminalité, V° Loi n° 2013-451 du 19 juin 2013 relative à la cybercriminalité ; Christiane FERAL-SCHUHL, « Cyberdroit : le droit à l'épreuve d'internet », Ed. Dalloz, Paris, 2006, Pp. 590 et s.
5. Cf. Loi n° 2013-451 du 19 juin 2013 relative à la lutte contre la cybercriminalité, J.O. RCI, 12 août 2013.

des opérations bancaires à partir de réseaux et supports électroniques multifonctionnels invite également à une accélération de la réforme de la législation pénale.

De même, s'agissant de la protection pénale de la propriété intellectuelle ou industrielle, l'adaptation du droit existant, aux progrès technologiques, constitue un défi permanent à relever [1].

L'initiative dans ce domaine éclectique implique le choix d'un système de protection assurant un équilibre entre le principe de libre circulation des idées ou des informations et la protection des intérêts légitimes des concepteurs et des inventeurs [2].

Enfin, la recrudescence du terrorisme qui n'épargne aucun pays, autorise à s'interroger davantage, quant à la réponse la plus efficiente et la mieux adaptée à ce phénomène.

L'élaboration et la mise en œuvre d'une véritable politique criminelle [3] constituent une piste à explorer. En

---

1. Isabelle de LAMBERTERIE, « L'adaptation du droit au progrès technologique : l'exemple des logiciels », Archives de philosophie du droit, Tome 36, Ed. Sirey, 1991, Pp. 154-163.

2. DESBOIS, D. 1957, Chron. p. 165 ; R. SAVATIER, JCP 1957, I, 1398 ; DESBOIS, « Les droits d'auteur en France » 3e éd. 1978, p. 22 et s ; C. COLOMBET « Propriété littéraire et artistique », 1987, p. 30 et s.

3. Christine LAZERGES, « Introduction à la politique criminelle », Ed. L'Harmattan, Paris, 2000, p. 12 et s. ; ég. Mireille-DELMAS-MARTY, « Les grands systèmes de politique criminelle », Ed. Thémis, Paris, 1990 et du même auteur « Modèles et mouvements de politique criminelle », Ed. Economica, Paris, 1987 ; ég. Robert CARIO « Introduction aux sciences criminelles. Pour une approche globale et

cela, l'idée d'une politique criminelle présentant des garanties de cohérence et d'efficacité parait séduisante. Que faut-il entendre par « politique criminelle » [1] ? La politique criminelle va bien au-delà de la simple réforme législative ou de la modification de quelques dispositions du Code pénal ou du code de procédure pénale. Elle va bien au-delà de la mise en place de dispositifs sécuritaires de police, de gendarmerie ou d'une force spéciale [2]. La politique criminelle est « *une réflexion épistémologique sur le phénomène criminel, un décryptage du phénomène criminel et des moyens mis en œuvre pour lutter efficacement contre les comportements déviants ou la délinquance ; elle est également une stratégie juridique et sociale, fondée sur des choix politiques pour répondre avec pragmatisme aux problèmes posés par la prévention et la répression du phénomène criminel entendu largement* » [3].

Certes, la lutte contre la criminalité transfrontalière ou le terrorisme induit la jonction d'une politique législative et gouvernementale qui elle-même implique l'adoption de textes pénaux devant constituer le cadre légal des interventions ou des opérations de lutte et la mise en place d'institutions techniques et spécialisées. Cependant, elle

---

intégrée du phénomène criminel », Ed. L'Harmattan, 6e éd., Paris, 2008, p. 267 et s.

1. V° en ce sens, Eloi K. YAO, « Les choix de politique criminelle dans le Code pénal ivoirien », Revue de science criminelle et de droit pénal comparé (RSC), n° 4, 2004, p. 763 et s.

2. V° Décision du Gouvernement prise en Conseil des Ministres du mercredi 20 avril 2016 dans le cadre de la « Lutte contre le terrorisme : 80 milliards de F Cfa pour équiper les forces de sécurité », *In* Quotidien ivoirien, *Fraternité Matin* du jeudi 21 avril 2016, p. 4.

3. Christine LAZERGES, « Introduction à la politique criminelle », *Op. cit.*

implique également, la mise en relation, dans une dynamique d'actions cohérentes, différents niveaux d'intervention (niveau décisionnel et niveau institutionnel) et des réponses multiformes (pénales et sociétales). Car la politique criminelle ne se réduit pas aux seules réponses imposées par le Code pénal.

Il s'agit d'une stratégie juridique et sociale fondée sur des choix politiques pour répondre au phénomène criminel [1]. L'œuvre de codification ne met pas en évidence tous les aspects de la politique criminelle d'un État donné [2]. Néanmoins, la codification, en matière pénale, constitue une contribution essentielle à une bonne administration de la justice répressive étatique et un « rempart » contre l'émergence d'une justice parallèle fonctionnant suivant un système normatif informel.

Pour rappel, l'évolution des sociétés contemporaines porte encore les stigmates de l'expérience douloureuse de la difficile cohabitation de deux formes de justice étatique et non étatique, que Jean Carbonnier met en exergue, de façon très élégante dans son ouvrage intitulé « *Flexible droit, pour une sociologie du droit sans rigueur* » [3]. Selon l'auteur, en marge des tribunaux répressifs de l'État, d'autres tribunaux non étatiques naissent, dans une dynamique d'opposition et constituent une justice alternative, échappant au contrôle de l'État.

---

1. V° Marc ANCEL, « Pour une étude systémique des problèmes de politique criminelle », APC, Ed. A. Pedone, n° 1, 1975.

2. *Ibidem*, p. 18.

3. V° J. CARBONNIER, « Flexible droit, pour une sociologie du droit sans rigueur », Ed. L.G.D.J., 3e éd. Paris, 1995, p. 395.

C'est l'exemple patent de la survivance des tribunaux traditionnels à côté des tribunaux étatiques dont le fonctionnement est décrit par d'excellents travaux d'anthropologie juridique et d'ethno-criminologie de l'Afrique Noire [1]. À la vérité, le contexte africain précolonial et post-colonial est marqué par une diversité de systèmes juridiques qui continuent de survivre au système juridique de l'État « moderne » [2]. Ces systèmes juridiques, de par leur mode de formation, leur mode de fonctionnement et de légitimation se démarque de l'intervention croissante de l'État dans la vie juridique et continuent d'assurer leur force d'encrage grâce à la survivance des droits traditionnels [3].

Cela explique le fait qu'on observe en Afrique l'existence de deux systèmes de justice, l'un moderne basé sur le droit écrit et l'autre traditionnel qui tire ses fondements dans de nombreuses coutumes [4] qui régissent la vie des communautés indigènes. La colonisation n'a pas affecté le continent Noir au point de faire disparaître toutes les habitudes et pratiques sociales africaines.

---

1. V° en réf. Yves BRILLON, Norbert ROULAND, Étienne Le ROY, J.-C. MULLER, M. DELMAS-MARTY, Ch. LAZERGES-ROTHE et J. COSTA-LASCOUX.

2. Bernard DURAND, « Histoire comparative des institutions », Centre de Recherche, d'Études et de Documentation sur les Institutions et les Législations africaines (CREDILA), NEA, 1983, Pp. 307 et s.

3. V° en Réf. : Étienne Le ROY, in Encycl. Juridique de l'Afrique, Ed. NEA, 1982.

4. Norbert ROULAND, « Anthropologie juridique », Ed. PUF, 1988, Pp. 346 et s. ; Yves BRILLON, « La justice pénale traditionnelle et moderne en Côte d'Ivoire », RICPTS, Vol. XXVIII, n° 3, 1975, Pp. 265-280.

La justice traditionnelle continue d'exister, loin du regard des tribunaux étatiques, au niveau de la famille, du clan ou de la tribu. La vocation de cette justice traditionnelle n'est pas de stigmatiser le délinquant en lui infligeant une lourde peine ou en l'incarcérant dans une prison. La justice traditionnelle est une justice de médiation et de conciliation. En cas de litige, elle essaie de ressouder les liens rompus par l'offense. En général, la reconnaissance par l'offenseur de sa faute, le pardon, le dédommagement de la victime, suivis d'une libation suffisent à ramener la paix au sein de la communauté.

Bien souvent, les populations en milieu rural préfèrent se référer à un tribunal coutumier [1] que de solliciter une brigade de gendarmerie ou un tribunal étatique établi dans leur localité, pour régler leurs litiges. Ainsi, des faits de vol, de violences conjugales, d'homicide ou même de pratiques de sorcellerie échappent à la justice moderne. Ces pratiques, naturellement, ne permettent pas aux autorités policières et judiciaires de connaître le chiffre réel [2] de la criminalité et de disposer de statistiques fiables pour l'élaboration de la politique sécuritaire de l'État.

Par ailleurs, la coexistence de ces deux systèmes de valeurs crée un phénomène de « superposition de politique

---

1. LE ROY (E.), « Le justiciable africain et la découverte d'une voie négociée de règlement des conflits » in Afrique Contemporaine, n° 156-4/1990, Pp. 111-120 ; BRILLON (Y.), « Les attitudes des populations à l'égard du système pénal. Une perception négative », RICPTS, Vol. XXXVI, n° 1, 1983, Pp. 76-88.

2. Le chiffre réel de la criminalité s'oppose au chiffre noir de la criminalité ou *criminalité cachée*. Voir en ce sens R. CARIO « Introduction aux sciences criminelles. Pour une approche globale et intégrée du phénomène criminel », *Op cit*, p. 267 et s.

criminelle » décrit par le professeur Mireille Delmas-Marty, abordant la question sous l'angle de « la transformation des modèles fondamentaux » [1] . Pour l'auteur, toute politique criminelle connaît à un moment donné de son évolution une transformation, la société elle-même étant en perpétuel changement [2], entraine à son tour une transformation du modèle dans lequel elle s'inscrit, en un autre. Au cours de ce mouvement de transformation, peuvent apparaître des modèles « transitoires » de politique criminelle [3].

En ce qui concerne le continent africain, l'apparition de ces modèles « transitoires » ou atypiques est liée essentiellement au phénomène d'acculturation juridique qui a provoqué, en réalité, un choc entre deux cultures, Occidentale et Africaine [4] et a entraîné chez les Africains des attitudes de résistance, voire de rejet des modèles de politique criminelle étrangers. Souvent, ainsi que nous l'avons relevé plus haut, les populations locales préfèrent saisir les autorités coutumières qui incarnent la justice traditionnelle et en qui elles ont entièrement confiance.

Or, le droit pénal, qui est le plus primitif des droits, ne peut s'accommoder d'un tel schéma qui met à mal le monopole de l'État sur la justice et plus particulièrement sur

---

1. V° Mireille DELMAS-MARTY, « Modèle et mouvement de politique criminelle », *Op. cit.*, p. 158 et s.
2. V° Guy ROCHER, « Le changement social », Ed. HMH, 1968, p. 5.
3. V° Mireille DELMAS-MARTY, « Modèle et mouvement de politique criminelle », *Op. cit.*
4. V° Diallo SEYNI SAMBO, « L'évolution du droit traditionnel, fondement de la dualité des juridictions en Haute-Volta », Penant, n° 757, 1977, p. 321 et s.

la justice pénale. Aussi, la codification permet-elle à l'État de préserver son hégémonie [1] sur cette matière et d'assurer de façon pérenne son rôle de régulateur sur la société tout entière. Au-delà, la société est en droit d'espérer que la codification des normes pénales contribue à redonner une meilleure visibilité aux interdits.

1. Une hégémonie aggravée par le phénomène d'« inflation du droit » décrit par le Doyen Carbonnier dans son ouvrage intitulé « Droit et passion du droit », *Op. cit.*, p. 107 et s.

LIVRE PREMIER :

DISPOSITIONS COMMUNES À L'ENSEMBLE DES INFRACTIONS

DISPOSITIONS PRÉLIMINAIRES

Article premier

Les dispositions du présent livre s'appliquent à toutes les infractions sauf disposition légale contraire.

Article 2

Constitue une infraction tout fait, action ou omission, qui trouble ou est susceptible de troubler l'ordre ou la paix publique en portant atteinte aux droits légitimes soit des particuliers, soit des collectivités publiques ou privées et qui comme tel est légalement sanctionné.

Note.

La doctrine s'accorde à reconnaître que la définition matérielle de l'infraction est relative. Elle varie selon le contexte. Un même fait peut être sanctionné pénalement dans un pays donné et ne pas l'être dans un autre. L'infraction est une notion au contenu variable [1]. En effet, il existe diverses conceptions de l'infraction. Du point de vue de la sociologie, commettre une infraction, c'est

1. Par exemple, en droit français, depuis l'entrée en vigueur nouveau Code pénal en 1994, le chèque sans provision n'est plus pénalement réprimé, tout comme la mendicité et le vagabondage.

commettre un acte contraire à l'ordre social, tandis que selon la psychiatrie, l'infraction est la résultante d'une pathologie du comportement [1].

Si pour le juriste, le terme « infraction » a un sens bien précis, pour le criminologue, en revanche, les choses sont beaucoup plus complexes. Cela apparaît nettement à travers le caractère fluctuant des notions de « crime », de « délit » ; tout comme celle de « délinquant » ou de « criminel » qui sont abusivement employées indifféremment [2].

Pour la criminologie, l'infraction peut être définie comme une « *action criminelle* », laquelle se décline en une action humaine volontaire et en une action humaine spécifique [3]. Action humaine et volontaire, en ce sens que l'action criminelle obéirait à des automatismes comportementaux comprenant des éléments d'excitabilité, des attitudes et des réflexes, des conduites ou des réactions instinctives, un automatisme d'habitude qui rendent l'action répréhensible. Selon cette conception, en tant que conduite humaine spécifique, l'action criminelle est orientée vers l'atteinte consciente portée par un individu contre une ou des valeurs socialement protégées. La pertinence de cette approche de la criminologie permet de considérer l'infraction comme un fait contraire à l'ordre social qui expose celui qui l'a commis à une peine ou à une mesure de sûreté. La société ne peut infliger à un individu

1. V° « Criminologie et psychiatrie » Ouvrage collectif sous la direction de Thierry ALBERNHE, Ed. Ellipses, Paris, 1997, 749 p.

2. V° SPECTOR et CASADAMONT (G.), « Profils épistémologiques en criminologie comparée », Rev. Dév. et Soc., 1978, Pp. 349 et s.

3. V° Raymond GASSIN, « Criminologie », Ed. Précis Dalloz, 1994, p. 34 et s.

une sanction quelconque, sans arbitraire, sous prétexte qu'il s'est montré dangereux ou qu'elle le considère comme tel. Le législateur est donc intervenu pour déterminer les actes que la société entend réprimer d'une sanction pénale.

Sous cet angle, l'infraction se présente comme une notion juridique [1] au contenu variable et incertain, inclinant ainsi le droit pénal moderne dans la quête d'une définition homogène de l'infraction ou du moins d'une unicité définitionnelle de l'infraction. Du point de vue juridique, l'infraction consiste en un comportement prévu et puni d'une peine ou d'une mesure de sûreté par la loi, ou en un comportement interdit tel que défini de manière générale et impersonnelle par la loi, sous la menace d'une peine.

Selon l'Article 2 du Code pénal, l'infraction s'entend d'un acte en contradiction avec la loi et qui porte atteinte à l'ordre social, mais c'est avant tout un acte ou un fait prévu et puni comme tel par la loi pénale en raison du trouble qu'il cause à l'ordre social [2]. Pour certains auteurs, l'infraction est un fait puni par la loi et pouvant être imputé à son auteur [3], tandis que pour d'autres, l'infraction est une rupture, une cassure qui consiste à briser le pacte social, en ne respectant pas les obligations qui en découlent. C'est un acte de transgression de la loi et qui se présente comme un

---

1. P. ROSSI, « Traité de droit pénal », 1863, p. 248 ; S. MANACORDA, « La théorie générale de l'infraction en France : les lacunes ou spécificités de sciences pénales », RDPC, 1999, p. 35 et s. ; J. PRADEL, « Droit pénal général », Ed. PUF, 15e éd., Paris, 2004, p. 235.

2. V° Gaston STEFANI, Georges LEVASSEUR, Bernard BOULOC, « Droit pénal général », Ed. Dalloz, p. 4.

3. J.-C. SOYER, « Droit pénal et procédure pénale », Ed. LGDJ, p. 42.

signe de dysfonctionnement [1]. Enfin, pour d'autres, l'infraction est une action ou une omission définie et punie par la loi, imputable à son auteur et ne justifiant pas l'exercice d'un droit [2].

De ces différentes conceptions, on retient que l'infraction consiste en un acte matériel, une action ou une omission, ce qui permet de distinguer les infractions de commission des infractions d'omission [3]. En effet, une infraction de commission est une infraction qui consiste à commettre positivement un acte prohibé par la loi. Par exemple, le meurtre (art. 342 CP) est une infraction de commission, il suppose un acte matériel positif ou acte homicide, généralement des coups administrés avec l'intention du tuer.

Cependant, ainsi qu'il résulte de l'Article 2 du Code pénal, une infraction peut résulter également d'une abstention ou d'une omission (infraction par omission). L'omission dans ce cas va être assimilée à un acte positif, générateur du résultat dommageable. Ce que le droit pénal réprime ici, c'est la passivité de l'agent, sans trop s'attarder sur le résultat qu'elle a provoqué. Ainsi, l'abstention volontaire de porter secours à une personne en danger (Art. 352 CP) est une infraction d'omission. L'action positive consiste en un acte matériel prohibé, tandis que l'infraction

---

1. V° Yves MAYAUD, « Droit pénal général », Ed. PUF, p. 124.
2. V° B. BOULOC et H. MATSOPOULOU, « Droit pénal général et procédure pénale », Ed. Sirey, n° 44.
3. Concernant la distinction entre les infractions de commission et les infractions d'omission, voir J. PRADEL, « Droit pénal général », *Op. cit.*, n° 362 et s., Pp. 327 et s.

d'omission consiste en une omission ou en une abstention malveillante.

Cette prévision de l'Article 2 du Code pénal, relativement aux délits d'abstention, est pertinente, car le droit pénal moderne s'intéresse davantage aux délits d'omission ou de négligence, lesquels ont achevé de révéler la malice ou la mauvaise foi de leurs auteurs [1]. C'est pourquoi, par exemple, l'Article 725 de l'Acte Uniforme relatif au Droit des Sociétés Commerciales et du Groupement d'Intérêt Economique (AUSC-GIE) déclare que le Commissaire aux comptes est pénalement responsable des fautes et des négligences qu'il vient à commettre dans l'exercice de ses fonctions.

La notion de « faute pénale », d'imprudence ou de négligence permet de rechercher la responsabilité pénale des personnes morales [2] et celle des personnes physiques « décideurs » ou chefs d'entreprises [3]. Cette faute pénale

---

1. V° Eloi K. YAO, « Uniformisation et droit pénal : esquisse d'un droit pénal des affaires dans l'espace Ohada », RIDPC, n° 3, 2011, p. 690 et s.

2. Sur la responsabilité pénale des personnes morales voir Mireille DELMAS-MARTY, « La responsabilité pénale des groupements », RIDP, 1990, p. 39 ; F. DESPORTES et F. Le GUNEHEC, « Responsabilité pénale des personnes morales », Petites Affiches, 1996, numéro spécial ; H. DONNEDIEU De VABRES, « Les limites de la responsabilité pénale », RIDP, 1950, p. 339. Pour les recherches, voir bibliothèque de l'Université de Bordeaux IV Charles Louis Montesquieu (France).

3. En ce sens, V° Mireille DELMAS-MARTY, « Le droit pénal, l'individu et l'entreprise : culpabilité du fait d'autrui ou du décideur », JCP, 1985.I.3218 ; Anne d'HAUTEVILLE, « Les transformations de la faute pénale », in Le nouveau Code pénal, dix ans après, Ed. A. Pedone,

caractérise le délit non intentionnel qui peut être reproché au chef d'entreprise, représentant de la personne morale et qui réside dans le « dol éventuel », selon la doctrine [1]. Le législateur ivoirien a choisi le système d'imputation nécessitant un substratum humain [2].

Par ailleurs, l'Article 2 du code pénal offre de nous intéresser aux différentes infractions sur lesquelles reposent diverses classifications opérées par la doctrine. À cet effet, on notera que la doctrine pénale fait la distinction entre : les infractions instantanées [3] et les infractions continues [4] ; les infractions complexes [5] et les infractions simples [6]. En se fondant sur le mode d'exécution, le droit pénal fait une distinction entre les infractions simples et les infractions complexes ; les infractions simples et les infractions d'habitude [7] ; les infractions formelles [8] et les infractions matérielles.

Paris, 2005, Pp. 1-18 ; ég. R. MERLE et A. VITU, « Traité de droit criminel. Droit pénal », Ed. Cujas, t.1, Paris, 1997, n° 604 et 605.

1. A. C. DANA, « Essai sur la notion d'infraction pénale », Thèse, Lyon III, Ed. L.G.D.J., Paris, 1982, n° 48.

2. Il importe que soit relevée et constatée l'intervention d'une personne physique en qualité d'auteur ou de complice. V° H. DONNEDIEU De VABRES, « Les limites de la responsabilité pénale des personnes morales », RIDPén., 1950, p. 339 cité par Marie-Christine SORDINO, « La responsabilité pénale des personnes morales : partition nouvelle pour mélodies anciennes », in « Le nouveau Code pénal, Dix ans après », Ed. A. Pedone, 2005, p. 35.

3. Exemple, le vol, art. 392 CP.

4. Exemple, la séquestration arbitraire, art. 373 CP.

5. Exemple, l'escroquerie, art. 403 CP.

6. Exemple, l'abus de confiance, art. 401 CP.

7. Exemple la mendicité ou l'exercice illégal de la médecine, l'infraction étant constituée au bout du deuxième acte prohibé.

8. Exemple, l'empoisonnement, art. 342-4° CP.

Dans cet ordre d'idée et par définition, une infraction complexe est une infraction dont la réalisation exige que l'agent accomplisse plusieurs actes de nature différente, concourant tous à la réalisation de l'objectif recherché. Ces actes font partie des éléments constitutifs de l'infraction. L'exemple type d'infraction complexe est l'escroquerie qui, pour sa réalisation, suppose l'usage de manœuvres frauduleuses, suivi de la remise de la chose [1].

Quant à l'infraction simple, elle se caractérise par un acte matériel unique à l'image du vol (*acte de soustraction frauduleuse de la chose d'autrui*) et de l'abus de confiance (*acte de détournement de la chose*). Elle se distingue, par ailleurs, des délits d'habitude, lesquels supposent la réalisation de plusieurs actes qui, pris de façon isolée, ne sont pas punissables. C'est l'exemple du délit d'exercice illégal de la médecine et de la mendicité, étant entendu que ces délits dits « d'habitude » ne sont réprimés qu'« à partir de la réitération du premier acte » [2]. La jurisprudence a décidé qu'il y a habitude, dès la commission du second acte délictueux [3].

On rappellera qu'une infraction instantanée est une infraction qui s'exécute en un laps de temps (exemple : le vol), tandis qu'une infraction continue ou successive est celle dont l'exécution se prolonge dans le temps avec une réitération persistante de la volonté criminelle (exemple : la séquestration arbitraire).

---

1. V éléments constitutifs de l'escroquerie, article 403 du Code pénal.
2. J. PRADEL, *Op. cit.*, p. 339.
3. Cass. Crim., 24 mars 1944, DA, 1944.75 ; R.S.C., 1971.939, Obs. A. VITU.

L'infraction d'habitude, quant à elle, suppose la commission de plusieurs faits semblables dont chacun pris isolement ne constitue pas une infraction (exemple : la mendicité), alors que l'infraction complexe est composée de plusieurs actes matériels tous concourant à la réalisation de l'infraction (exemple : l'escroquerie).

À côté de ces infractions, il existe également celles qui consistent en un comportement réprimé indépendamment du résultat éventuel. Ce sont les infractions dites « formelles ». Elles s'opposent aux infractions matérielles. L'infraction formelle se définit comme une infraction réalisée sans dommage, une infraction de moyen qui est supposée consommée et réprimée par la loi, sans tenir compte du résultat dommageable. Ce sont par exemple : l'empoisonnement (ce qui est réprimé ici c'est le fait d'attenter à la vie d'autrui, par l'emploi ou l'administration de substances pouvant entrainer la mort), ou encore le délit de corruption de fonctionnaire.

En définitive, il y a dans l'acte infractionnel, un comportement négatif qui heurte les valeurs communes de vie en société et qui s'oppose aux intérêts collectifs ou individuels. Il ressort de l'Article 2 du Code pénal que les infractions sont déterminées par la loi *lato sensu*, conformément au principe de la légalité criminelle. La loi étant la principale source écrite du droit pénal, c'est à elle que revient la charge de déterminer les infractions ainsi que les peines qui s'y attachent.

La Constitution ivoirienne de 2016 [1] dispose que la loi, au sens strict, celle qui émane du pouvoir légiférant, fixe les règles concernant la détermination des crimes et délits ainsi que les peines qui leur sont applicables [2], tandis que le règlement détermine les contraventions et fixe, dans les limites et selon les distinctions établies par la loi, les peines applicables aux contrevenants [3]. De là, on déduit que les infractions qualifiées de crimes et de délits relèvent du domaine de la loi, tandis que les contraventions sont du domaine réglementaire, dans le respect du principe de séparation des pouvoirs consacré par la Constitution.

Cependant, force est de constater que cette spécificité du droit ivoirien est fortement ébranlée par l'incursion de l'exécutif dans le domaine législatif, avec pour corollaire l'éclatement des sources du droit pénal et le déclin du principe de la légalité. En effet, certains actes pris par le pouvoir exécutif notamment par le président de la République (*ordonnances et mesures exceptionnelles...*) ont valeur de loi [4] et, à ce titre, il a compétence pour définir des incriminations et des sanctions. Ces actes vont jusqu'à définir des délits et ce en contradiction avec la Constitution. En effet, la Constitution [5] définit le domaine réservé à la loi, au sens formel du texte voté par le parlement ; définition limitative de la compétence du parlement par rapport à celle du pouvoir exécutif qui devient la règle : « *les matières*

1. Loi n° 2016-886 du 8 novembre 2016 portant constitution de la République de Côte d'Ivoire.

2. Art. 101, Const. 2016.

3. Art. 72 Const. 2000 ; art. 1er , Loi n° 63-526 du 26 décembre 1963 relative aux peines applicables en matière de contravention modifiée par la loi n° 81-640 du 31 juillet 1981.

4. Article 106 de la Constitution de 2016.

5. Article 101 de la Constitution de 2016.

autres que celles qui sont du domaine de la loi relèvent du domaine règlementaire... » [1]. Or, selon la Constitution, la détermination des crimes et des délits ainsi que les peines qui leur sont applicables relève de la loi. Quelle qu'en soit la justification, cette incursion du pouvoir exécutif dans le domaine législatif contribue à fragiliser le principe de la légalité criminelle [2].

Article 3 (Loi n° 2015-134 du 9 mars 2015)

L'infraction est qualifiée :

1° Crime : Si elle est passible d'une peine privative de liberté perpétuelle ou supérieure à 10 ans ;

2° Contravention : Si elle est passible d'une peine privative de liberté inférieure ou égale à 2 mois et d'une peine d'amende inférieure ou égale à 360.000 francs ou de l'une de ces deux peines seulement ;

3° Délit : Si elle est passible d'une peine privative de liberté ou d'amende autre que les précédentes.

Note.

L'article 3 du Code pénal opère une distinction des infractions, selon qu'elles sont qualifiées de crime, de délit ou de contravention. Toutefois, en lieu et place de définitions claires et précises de celles-ci, le législateur a préféré les distinguer nettement les unes des autres en

1. Article 103 de la Constitution de 2016.

2. Cf. Jean-Pierre GALE, « Droit pénal général. Cours et exercices corrigés », Ed. ABC, 2017, p. 37 et s.

fonction des peines encourues, celles-ci portant en chacune d'elles un coefficient de gravité [1].

Cette distinction correspond à la classification des infractions selon leur gravité, appelée encore « classification tripartite », à côté de la classification selon la nature et le mode d'exécution des infractions [2]. Le législateur ivoirien a transposé *in extenso* la pédagogie primaire du code napoléonien qui consiste à classer les infractions en crimes, délits et contraventions : chaque infraction est logée dans une catégorie, les catégories étant elles-mêmes hiérarchisées selon leur gravité objective. Les peines correspondantes, quant à elles, sont insérées dans une échelle dont les degrés marquent l'intensité des peines [3].

Selon que la peine encourue par le délinquant est sévère (lorsque par exemple le fait incriminé est passible d'un emprisonnement de plus de dix ans), on en déduira qu'il s'agit d'un crime et que l'infraction qui lui est reprochée est plus grave qu'une autre frappée d'une simple amende ou d'un emprisonnement n'excédant pas deux mois.

Ainsi, la peine encourue semble être l'unique critère objectif de cette classification. Les intérêts de cette

---

1. YAO K. Eloi, « Les choix de politique criminelle dans le Code pénal ivoirien », RSC, n° 4, 2003, Pp. 763-780.
2. V° Lucien ACCAD, Classification des infractions, in Encyclopédie juridique de l'Afrique, NEA, 1982, p. 53 et s.; presque tous les codes pénaux africains ont consacré cette classification des infractions selon la gravité de la peine qui s'y attache.
3. R. MERLE, « La peine et la pénitence », Coll. Ethique et Société, Ed. Cerf/Cujas, Paris, 1985, p. 82.

classification sont nombreux [1]. À défaut de les énumérer tous, nous nous limiterons à en rappeler quelques-uns. L'intérêt au plan constitutionnel tient à la détermination de l'autorité compétente pour créer des infractions et les peines qui leur sont applicables.

Dans le système juridique ivoirien, le parlement est en principe la seule institution compétente pour créer les crimes et les délits [2]. Les contraventions, quant à elles, relèvent du pouvoir réglementaire, c'est-à-dire du gouvernement.

S'agissant du droit pénal de forme, notons que la distinction présente ici un intérêt irréductible tenant à la compétence d'attribution des juridictions, étant entendu que celle-ci est déterminée, selon la nature de l'infraction. Les crimes sont jugés par la cour d'assises (en principe composée de trois magistrats professionnels et de neuf jurés), les délits par le tribunal correctionnel (composé de trois magistrats professionnels) et les contraventions par le tribunal de simple police (statuant toujours à juge unique). Cependant, conformément au principe suivant lequel « qui peut le plus peut le moins », le tribunal correctionnel peut se déclarer compétent pour connaître des faits de contravention.

1. F. DESPORTES, F. Le GUNEHEC, « Le nouveau droit pénal », 5e éd., Ed. Economica, Paris, 1998, p. 65 et s.

2. V. en ce sens, l'article 101 de la Constitution ivoirienne de 2016. Cependant, l'article 106 de la Constitution dispose que le Président de la République peut prendre par ordonnance des mesures qui relèvent normalement du domaine de la loi. La pratique a achevé de démontrer que parfois ces mesures peuvent prévoir, par exemple, dans le cadre de la lutte contre la corruption et les infractions assimilées, des délits et des peines.

Par ailleurs, relativement à la prescription de l'action publique, les crimes se prescrivent au bout de dix (10) ans, sauf pour les crimes internationaux (crimes contre l'humanité, crimes de guerre, crimes de génocide, etc.), les délits au bout de trois (3) ans et, enfin, les contraventions au bout de un (1) an. Quant à la prescription des peines, le délai est de vingt ans (20) ans, en matière criminelle, cinq (5) ans, en matière délictuelle et deux (2) ans, en matière contraventionnelle, étant entendu que les crimes internationaux sus énumérés sont imprescriptibles.

Article 4

La nature de l'infraction relevant d'une des catégories prévues à l'article 3 précédent, n'est pas modifiée lorsque par le jeu des règles relatives à la récidive, aux excuses ou aux circonstances atténuantes, la peine encourue est de celles afférentes à une autre catégorie.

Note.

Conformément au principe de la légalité, le système juridique ivoirien a adopté le principe des peines fixes attachées à chaque infraction selon sa nature, étant entendu que les peines les plus graves sont celles infligées aux infractions qualifiées de crimes. Toutefois, selon les circonstances tenant à l'infraction ou à la personne du délinquant, les peines encourues sont tantôt aggravées, tantôt atténuées, sans que cela n'affecte ou modifie la nature de l'infraction. Par exemple, le vol qui est en principe un délit peut être sanctionné d'une peine criminelle, lorsqu'il est commis dans l'une des circonstances prévues par l'**Article** 394 du Code pénal.

Pareillement, lorsque le délinquant se trouve dans une situation de récidive, ce qui suppose qu'il a commis deux infractions ou plusieurs infractions de même nature (récidive de délit à délit ou de crime à crime) non séparées les unes des autres par une condamnation définitive, la peine qu'il encourt se trouve aggravée par l'effet de cette circonstance « aggravante », sans que la nature de l'infraction à lui reprochée en soit modifiée.

Il en est de même, lorsque le délinquant bénéficie d'une excuse ou d'une circonstance atténuante. Dans cette hypothèse, l'agent bénéficiera d'une réduction de peine ou sera absous ou exempté de la peine. Toutefois, ni la diminution de la peine ni l'absolution ne saurait impacter la nature de l'infraction.

La règle de l'article 4 du Code pénal connaît, néanmoins, une atténuation. En effet, avant jugement, il arrive que, pour une question de politique pénale voulue par le législateur, la nature d'une infraction puisse changer par le jeu des circonstances atténuantes et des excuses atténuantes, tenant à l'infraction ou à la personne du délinquant. Cette situation se présente en cas de correctionnalisation prévue par l'article 214 du code de procédure pénale [1]comme une prérogative réservée à la Chambre d'Accusation.

Article 5

L'infraction est sanctionnée par des peines et, éventuellement, par des mesures de sûreté.

---

1. V° A. BONI, « Une correctionnalisation judiciaire légale : l'article 214 du code de procédure pénale », Bull. Cour sup., RID, 2-10, 1964, p. 2.

La peine a pour but la répression de l'infraction commise et doit tendre à l'amendement de son auteur qu'elle sanctionne soit dans sa personne, soit dans ses biens, soit dans ses droits ou son honneur.

La mesure de sûreté se propose de prévenir par des moyens appropriés toute infraction de la part d'une personne qui présente un danger certain pour la société en raison de sa tendance à la délinquance.

Note.

Lorsqu'une infraction est commise, elle peut donner lieu à la saisine des autorités judiciaires et à un procès pénal qui s'achèvera par le prononcé d'une sanction pénale qui est la conséquence juridique de la transgression de la norme pénale. Cette sanction que *Philippe Jestaz* appelle le *prix* ou le *tarif* attaché à la transgression ou à la violation de la loi pénale comprend d'une part, aux peines, d'autre part, aux mesures de sûreté [1].

Le législateur ivoirien n'a pas jugé utile de reconduire les peines afflictives et infamantes du Code pénal de 1810 (art. 6, 7 et 8), pour coller à sa vision d'humanisation et d'individualisation de la sanction pénale [2].

L'alinéa 2 de l'article 5 du Code pénal traduit bien cette vision et définit clairement l'objectif attaché à la peine, laquelle est basée sur la recherche des possibilités de

1. Ph. JESTAZ, « La sanction ou l'inconnu du droit », D. 1986, Chron., p. 197 ; Michel DEGOFF, « Droit de la sanction », Ed. Economica, Paris 2000, p. 1.

2. A propos de l'humanisation de la sanction pénale, voir Marc ANCEL, « la défense sociale nouvelle, un mouvement de politique criminelle humaniste », Ed. Cujas, 2e éd. Paris, 1954.

réinsertion sociale du condamné. Au moment du prononcé de la sanction, il ne s'agit pas pour le juge d'inscrire nécessairement son intervention dans la dynamique d'une réponse punitive ou répressive du crime. Il s'agit plutôt d'appliquer la sanction de façon efficiente de sorte que le juge peut assortir la peine qu'il va prononcer d'une mesure de sûreté, étant entendu que ces deux peines ne poursuivent pas le même but [1].

En effet, si la peine poursuit *a priori* un but purement répressif, en revanche, la mesure de sûreté quant à elle poursuit un but préventif. La mesure de sûreté vise à prévenir l'état dangereux du délinquant indépendamment de l'infraction, en privilégiant la protection de la société, les mesures de traitement, de surveillance, voire de neutralisation appropriée. Elle s'attache à la personne du délinquant et peut être prononcée par le juge *ante-delictum*, c'est-à-dire avant tout passage à l'acte ou intervenir *post-delictum*, c'est-à-dire après la commission de l'infraction. Dans ce cas, elle peut être cumulée à la peine.

Article 6

La peine est principale lorsqu'elle constitue la sanction essentielle de l'infraction.

Elle est complémentaire lorsqu'elle est adjointe à la peine principale.

---

1. D. SALAS, « Du procès pénal », Ed. PUF, Paris 1992, p. 20 ; M.-L. RASSAT « Droit pénal général », Ed. PUF, 2é éd., Paris 1987, p. 510.

Note.

En outre de la classification des sanctions pénales, suivant leur nature et, qui permet de distinguer les peines des mesures de sûreté, le Code pénal ivoirien a prévu une autre classification fondée sur la qualification, qui permet de distinguer les peines principales des peines complémentaires (art. 5 et 6). La peine est dite principale, lorsqu'elle est la peine essentielle attachée à l'infraction et qui permet de classer l'infraction dans la catégorie des crimes, des délits ou des contraventions.

C'est la peine qui est prononcée en premier lieu par le texte d'incrimination. Elle constitue la sanction directe de l'infraction prévue par la loi et se suffit à elle-même, en ce sens qu'elle ne s'appuie ni se rattache à une autre peine. Parfois, la loi pénale ne prévoit, pour une infraction donnée, qu'une seule peine principale. Mais elle peut prévoir plusieurs peines principales, trois (3) en général, comme en droit ivoirien.

D'après l'article 34 du code pénal, les peines principales comprennent : la peine de mort (abolie), les peines privatives de liberté et l'amende. Bien entendu, la Constitution de 2016 ayant aboli la peine de mort, il s'ensuit que cette peine ne fait plus partie de l'arsenal répressif de la Côte d'Ivoire.

Les peines privatives de liberté peuvent être criminelles, délictuelles ou contraventionnelles. En effet, est dite criminelle, une peine privative de liberté effectivement prononcée pour un fait qualifié crime et lorsqu'elle est égale ou supérieure à cinq (5) ans, tandis que les peines délictuelles concernent les peines privatives de liberté inférieures à cinq (5) ans prononcées pour des faits qualifiés :

1 - de crime : le crime étant passible d'une peine privative de liberté supérieure à 10 ans, il en résulte que dans cette hypothèse, une ou plusieurs causes de réduction de la peine ont pu jouer en faveur du délinquant, comme précédemment souligné (excuse absolutoire, excuses atténuantes ou circonstances atténuantes),

2 - de délit, y compris les peines d'amende prononcées pour des faits qualifiés de délit.

Quant à l'amende, contrairement à une idée reçue, elle est acquise à l'État. C'est une peine principale prononcée par le juge et qui affecte le délinquant ou le condamné dans son patrimoine. Elle consiste dans le paiement d'une somme d'argent au profit du Trésor public dont le montant est fixé par le juge en tenant compte de la nature de l'infraction et la situation personnelle du délinquant. Ce montant, en principe, ne peut excéder 360 000 F CFA en cas de contravention et peut aller au-delà, en cas de délit.

Enfin, les peines complémentaires sont appelées ainsi parce qu'elles sont adjointes aux peines principales. Comme les peines accessoires, les peines complémentaires s'ajoutent à la peine principale, mais à la différence des peines accessoires, elles ne s'y ajoutent pas de façon automatique, ni de plein droit. Elles doivent être prononcées par le juge. Naturellement, elles ne peuvent être prononcées en l'absence d'une condamnation à une peine principale, exceptées certaines mesures de sûreté (l'internement dans une maison de santé, la caution de bonne conduite par exemple) qui peuvent l'être en l'absence de toute peine principale. Reste maintenant à savoir si elles sont obligatoires, dès lors que le juge prononce la peine principale. L'article 7 ci-après y apporte une réponse qui paraît de prime abord quelque peu confuse, à la lumière d'une compréhension littérale de l'économie de la disposition.

Article 7

Les peines complémentaires et les mesures de sûreté sont obligatoires ou facultatives.

Note.

S'agissant du caractère obligatoire ou facultatif des peines complémentaires, il faut noter que la position du législateur pénal n'est pas très claire. Tantôt le juge est obligé par la loi de prononcer la peine complémentaire et on parle dans ce cas de « peine complémentaire obligatoire » : exemple la confiscation spéciale dans certains cas. Tantôt le juge aura la faculté de la prononcer après une appréciation souveraine de sa part. On parlera de « peine complémentaire facultative » et il s'agira également d'une confiscation spéciale. Ainsi, par ce mécanisme de peine complémentaire à double détente, le législateur finit par assimiler la peine complémentaire à la mesure de sûreté, les rendant ainsi toutes alternatives, soit obligatoires, soit facultatives. Doit-on comprendre par-là que la peine complémentaire est une mesure de sûreté soumise au même régime juridique ?

Article 8

Les peines et mesures de sûreté quelles qu'elles soient doivent être expressément prononcées. Néanmoins les peines complémentaires et les mesures de sûreté dès lors qu'elles sont obligatoires s'appliquent de plein droit comme conséquence de la peine principale même si le juge a omis de les prononcer.

Note.

Toutes les peines doivent être prononcées par le juge. Les peines complémentaires et les mesures de sûreté n'échappent pas à la règle, de sorte qu'elles s'appliquent de plein droit, même si le juge omet de les prononcer, parce qu'en dépit de tout, elles sont obligatoires.

Article 9 (Loi n° 2015-134 du 09 mars 2015)

Les peines principales se répartissent en peines criminelles, correctionnelles et contraventionnelles :

- Sont criminelles, outre la peine de mort [1]*, toutes les peines privatives de liberté égales ou supérieures à 5 ans prononcées pour fait qualifié crime ;*

- Sont contraventionnelles, les peines prononcées pour fait qualifié contravention ;

- Sont correctionnelles toutes les autres peines prononcées.

Note.

Nous avons vu plus haut que le Code pénal en ses articles 5 et 6 fait la distinction entre les peines principales, les peines complémentaires et les mesures de sûreté. Les peines principales correspondent à une autre classification. Celle-ci fait la distinction entre les peines criminelles, les peines correctionnelles et les peines contraventionnelles.

---

1. Peine abolie par la loi 2015-134 du 09 mars 2015.

Le Code pénal n'ayant pas défini un critère suffisamment explicite permettant de les distinguer les unes des autres, le législateur s'est contenté de considérer comme peines criminelles, toutes les peines privatives de liberté dont le quantum est égal ou supérieur cinq (5) ans, à l'exclusion de la peine de mort abolie, pour des infractions qualifiées de crime. Les peines prononcées pour des faits qualifiés de délits ou correctionnalisés, sont dites correctionnelles, tandis que les peines contraventionnelles ne sont prononcées que pour les faits de contravention.

Article 10

Constitue une excuse toute raison limitativement prévue et définie par la loi et dont l'admission, sans faire disparaître l'infraction, entraîne soit : dispense ou exemption de peine et dans ce cas, l'excuse est dite absolutoire ; soit atténuation obligatoire de la peine encourue et dans ce cas, l'excuse est dite atténuante.

Note.

L'excuse en droit pénal n'exonère pas le délinquant de toute responsabilité pénale. Elle n'efface pas non plus l'infraction qui subsiste, quand bien même elle permettrait à ce dernier d'échapper à la peine. Dans cette hypothèse, l'excuse est dite absolutoire et le délinquant est absous. Il ne subira pas la rigueur de la sanction pénale. Cependant, l'excuse peut avoir aussi pour effet de réduire ou d'atténuer obligatoirement la peine, dans les conditions définies par les articles 112 et 114 nouveaux du présent code. Dans ce cas, elle est dite « atténuante ». Il est bon de rappeler que l'excuse absolutoire bénéficie à toute personne qui commet une infraction sous l'emprise d'une contrainte irrésistible à laquelle il lui était impossible de se soustraire.

Toutefois, c'est au juge d'apprécier le caractère irrésistible ou insurmontable de la contrainte et de dire si elle peut être accueillie valablement et servir de moyen de défense au délinquant poursuivi. Les éléments à prendre en compte par le juge sont entre autres : la nature et la gravité de l'infraction poursuivie, la situation existante entre l'auteur et la victime au moment de l'infraction, leur âge, leur sexe, les rapports de force ou de dépendance entre eux.

Quant aux excuses atténuantes, elles peuvent être retenues dans l'hypothèse où le crime ou le délit constitue pour celui qui l'invoque, la réaction immédiate à la provocation (première condition) et lorsque cette provocation est dirigée contre l'auteur lui-même de l'infraction ou en sa présence contre l'une des personnes visées par l'article 115 du Code pénal, c'est-à-dire son conjoint, son descendant ou ascendant, son frère ou sa sœur, son maître ou son serviteur, un mineur, un incapable ou un détenu dont il a la garde (deuxième condition). À ces deux conditions cumulatives, l'article 115 du Code pénal ajoute que la provocation doit être de nature à priver une personne normale de la maîtrise de soi.

Par ailleurs, lorsqu'un fait d'excuse est établi, résultant d'une provocation (excuse de provocation), les peines sont réduites comme signalé plus haut conformément à l'article 114 nouveau précité et de la manière suivante :
- la peine privative de liberté perpétuelle est remplacée par une peine privative de liberté d'un (1) à dix (10) ans ;

- la peine privative de liberté temporaire et criminelle est remplacée par une peine privative de liberté de six (6) mois à cinq (5) ans ;
- la peine privative de liberté correctionnelle est remplacée par une peine privative de liberté de dix (10) jours à six (6) mois.

Il existe plusieurs types d'excuses. Nous ne les étudierons pas toutes. Cependant, il faut noter qu'en droit ivoirien l'excuse absolutoire bénéficie de plein droit aux mineurs de 10 à 13 ans, en cas de culpabilité (excuse absolutoire de minorité). Le bénéfice de cette excuse particulière a pour effet le fait que le juge ne peut prononcer de peine à l'encontre du mineur, mais il peut tout au plus, prononcer des mesures de protection, d'assistance, de surveillance et d'éducation appropriées. Les mineurs délinquants dont l'âge est compris entre 16 et 18 ans peuvent aussi bénéficier de cette excuse.

Seulement, elle n'est pas accordée de plein droit, de sorte que le juge peut bien l'écarter au profit de l'excuse atténuante, voire même des circonstances atténuantes, dans les conditions prévues par le Code de procédure pénale. Nous y reviendrons plus en détail dans la note de l'article 116 du code pénal combinée avec celle des articles 756 et suivants du code de procédure pénale.

Article 11

Toute personne qui, alors qu'elle a fait l'objet d'une condamnation pénale devenue définitive et non effacée par amnistie, réhabilitation ou autre mesure légale, commet une nouvelle infraction est en état de récidive.

Toute décision qui fait application à une infraction de dispositions relatives à la récidive doit viser expressément la ou les condamnations antérieures dont elle tire les conséquences légales et constater que ladite infraction a été commise dans les délais prescrits.

Note.

La récidive est l'une des causes directes d'aggravation de la peine en droit ivoirien. Nous verrons plus loin [1] les autres causes d'aggravations liées à la réitération de l'infraction. Mais d'ores et déjà, notons que la récidive résulte de la situation d'une personne qui, condamnée définitivement pour une première infraction, n'en tire pas toutes les leçons et commet une seconde infraction.

Dans cette hypothèse, on dit que cette personne est en état de récidive et elle sera jugée et condamnée pour cette dernière infraction en tenant compte, bien entendu, de la première et dans les conditions prévues par les articles 125 à 132 du Code pénal. La mise en œuvre du mécanisme de la récidive commence par le constat de la condamnation antérieure, grâce au casier judiciaire qui est un fichier comprenant toutes les informations relatives aux condamnations de cette personne [2]. Ensuite, le juge doit constater que la seconde infraction poursuivie n'est pas couverte par la prescription.

Il existe différentes formes de récidive : la récidive de *crime à crime*, la récidive de *crime à délit*, la récidive de *délit à délit* et le cas très particulier de la récidive des délinquants d'habitude. Il convient, pour une meilleure

1. V° note de l'article 122 du Code pénal.
2. V° Articles 724 à 728 du Code de procédure pénale.

compréhension de la notion de récidive, d'expliquer ces différentes formes de récidive.

1) La récidive de crime à crime ou récidive criminelle : la récidive criminelle suppose une condamnation définitive pour un crime à une peine supérieure à cinq (5) ans de prison et un autre crime lui aussi passible d'une peine d'emprisonnement à temps. La personne se trouvant dans cette situation sera condamnée au maximum de la peine encourue pour cette seconde infraction, laquelle peine peut être portée jusqu'au double de ce maximum (art. 125 codes pénal).

2) La récidive de crime à délit : la récidive de crime à délit est très proche de la récidive de crime à crime. Le délit doit avoir été commis entre le jour où la première condamnation pour crime est devenue définitive et le jour marquant le terme d'un délai de cinq (5) ans après l'exécution ou la prescription de la première peine (art. 126 Code pénal).

3) La récidive de délit à délit ou récidive correctionnelle : elle est prévue par l'article 126 du Code pénal et suppose la réunion de plusieurs conditions définies par les alinéas 2, 3 et 4 de cet article. La première condition est que l'agent doit avoir été condamné définitivement pour délit à une peine supérieure à un (1) an de prison. Ensuite et c'est la seconde condition, l'infraction doit avoir été commise dans un délai de cinq (5) ans qui suit l'expiration de la première condamnation ou sa prescription. Enfin, troisième condition, il faut que la seconde infraction soit semblable à la première. Sur la question de la ressemblance des deux infractions, l'article 126 du Code pénal dispose que les délits de vol, d'escroquerie, d'abus de confiance et le recel

ainsi que les délits prévus par la législation sur les chèques bancaires et postaux doivent être considérés comme étant les mêmes délits. Lorsque toutes ces conditions sont réunies, la personne, le délinquant ou l'agent sera condamné à une peine d'emprisonnement égale ou supérieure au double de la peine précédemment prononcée, sans que cette peine puisse excéder le double du maximum de la peine encourue pour la nouvelle infraction.

4) La récidive du délinquant d'habitude. Cette forme de récidive est source d'internement de sûreté, elle concerne les délinquants très dangereux ou les délinquants d'habitude ou délinquants multirécidivistes, c'est-à-dire des personnes qui ont l'habitude de *délinquer* et qui ont fait l'objet de plusieurs condamnations définitives.

Article 12

Toute circonstance personnelle au coupable ou à la victime d'une infraction, notamment l'âge, la nationalité, la parenté, la qualité de fonctionnaire, militaire ou récidiviste s'apprécie au moment de la commission de ladite infraction.

TITRE I

L'INFRACTION ET SON AUTEUR

Chapitre 1 : LA LOI PÉNALE

Article 13

Le juge ne peut qualifier d'infraction et punir un fait qui n'est pas légalement défini et puni comme tel. Il ne peut prononcer d'autres peines et mesures de sûreté que celles établies par la loi et prévues pour l'infraction qu'il constate.

L'application par analogie d'une disposition pénale à un fait qu'elle n'a pas prévue est interdite.

Note.

L'article 13 du Code pénal consacre l'un des principes fondamentaux du droit criminel, à savoir le principe de la légalité des délits et des peines. D'après ce principe : « pas d'infraction sans texte de loi et pas de peine sans loi ». D'où la maxime : « *nullum crimen nulla poena sine lege* ».

Montesquieu [1] et Beccaria [2] en sont les précurseurs. L'article 13 interdit formellement le juge de qualifier d'infraction un comportement même fautif qui n'est pas défini et puni comme tel par la loi [3].

L'exigence du préalable légal induisant l'interdiction faite au juge de créer des infractions est affirmée avec force par la chambre judiciaire de la Cour suprême dans un arrêt rendu le 25 février 1972 : « *Encourt la cassation l'arrêt qui, pour condamner pour homicide involontaire le chauffeur d'un véhicule, relève qu'il n'a pas regardé à gauche pour s'assurer, dans un carrefour, qu'aucun véhicule ne survenait. Ce faisant, la Cour d'appel a créé une infraction, le conducteur étant seulement tenu, conformément au Code de la route, de s'assurer qu'aucun véhicule ne vient sur sa droite* » [4].

Selon les juges suprêmes, les juges du fond ont violé le principe de la légalité, en ajoutant un élément nouveau à

---

1. MONTESQUIEU, « De l'esprit des lois », Ed. GF-Flammarion, Paris, 1979.

2. C. BECCARIA, « Traité des délits et des peines », Ed. GF-Flammarion, 1991 ; A. VITU et R. MERLE, « Traité de droit criminel. Droit pénal général », Ed. PUF, Paris 1997.

3. L'article 13 du Code pénal consacre la légalité des incriminations et des peines et réalise ainsi la transposition d'un acquis fondamental (le principe de la légalité) de la Révolution française, solennellement inscrit dans la Déclaration des droits de l'homme et du citoyen de 1789 (art 7 et 8). Ce principe vise à limiter le pouvoir de punir et qui doit protéger l'individu contre l'État, tandis que la loi elle-même doit en quelque sorte « s'autolimiter » : elle ne doit interdire que les actes nuisibles à la société (art. 4 Décl.) et n'édicter que des peines strictement et évidemment nécessaires (art. 5).

4. Cour sup. Ch. Jud., Sect. Pén., 25 févr. 1972, RID, n° 3-4, 1972/73, p. 51.

l'incrimination du Code de la route et qui n'était pas prévu par la loi. En raisonnant de cette façon, ils ont pris le risque d'exposer leur décision à la censure de la Cour suprême ; ce qui fut le cas, en l'espèce.

Par ailleurs, pour qualifier, le juge doit s'assurer de la réunion de toutes les conditions de l'infraction, lesquelles doivent être recherchées dans ses éléments constitutifs, de sorte qu'il doit s'abstenir de qualifier lorsque ces éléments ne sont pas réunis. À cet effet, la jurisprudence de la Cour d'Appel d'Abidjan estime que, s'agissant tout particulièrement du délit d'outrage à magistrat, « *le fait de refuser obstinément, mais poliment d'obtempérer aux injonctions d'un commissaire de police, tendant à faire déplacer un véhicule stationné, de manière défectueuse sur la chaussée, ne constitue pas un outrage, dès lors que ce refus d'obtempérer n'a pas été accompagné d'un geste de mépris ou de propos injurieux ou blessant* » [1].

Il s'infère de la motivation de cet arrêt que si, après vérification, le juge se rend compte que les conditions et éléments constitutifs de l'infraction dont il est saisi ne sont pas réunis, il ne peut envisager la répression. Il doit relaxer le prévenu ou la personne poursuivie, conformément au principe posé par l'article 13 du Code pénal. La jurisprudence pénale ivoirienne est constante sur ce point, car elle veille au respect du principe de la légalité par un contrôle quasi permanent et n'hésite pas à censurer les décisions qui violent ledit principe.

---

1. C. d'Appel d'Abidjan, arrêt n° 1385 du 28 octobre 1968, RID, n° 3, 1970, p. 67.

À titre d'illustration, l'on se réfèrera à :
1) *Cour d'appel d'Abidjan, Chambre correctionnelle, arrêt n° 1256 du 21 novembre 1977, RID, 1978, ½, p. 21.* Dans l'espèce tranchée par la Cour, les faits n'étaient pas compatibles avec la qualification d'abus de confiance retenue par le premier juge : « *l'abus de confiance suppose que les valeurs ou des choses ont été remises à un tiers en vertu d'un contrat des contrats énumérés par l'article 408 du Code pénal, à charge de les restituer ou d'en faire un emploi déterminé, ce tiers devant avoir commis un fait matériel de détournement ou de dissipation (...)* ». La condition préalable n'ayant pas été remplie, combinée avec l'absence de fait matériel caractéristique du délit d'abus de confiance, la relaxe du prévenu s'impose ;

2°) *Cour d'Appel d'Abidjan, Chambre correctionnelle, arrêts du 26 juin 1972 et 10 juillet 1972, note Paulette Veaux-Fournerie, RID, n° 3-4, 1974, p. 33 et s.* (*absence de contrat préalable-pas d'abus de confiance*) : prévenu condamné pour abus de confiance, à la suite d'un détournement commis dans l'exécution d'un contrat relatif à des opérations d'achat de café et de cacao, le contrat ayant été qualifié de mandat, jugement infirmé. Pour la Cour : « *le contrat litigieux s'analysant en une avance de somme d'argent en vue d'une opération commerciale, avec promesse d'exclusivité de vente au prêteur et une telle convention n'entrant pas dans les prévisions de l'article 408 ancien du Code pénal (401 Code pénal), c'est à tort que le premier juge a déclaré le prévenu coupable d'abus de confiance* ».

Au regard de cette jurisprudence et conformément au principe de la légalité, le juge pénal est tenu de donner la qualification exacte des faits déférés devant sa juridiction, c'est-à-dire celle correspondant à la prévision légale. Naturellement, si les faits ne constituent ni un crime, ni un délit, ni une contravention, il devrait relaxer le prévenu. Il en sera ainsi lorsque les faits poursuivis ne correspondent à aucune infraction prévue et punie par la loi. Ainsi en a décidé la Cour appel dans un arrêt rendu le 10 avril 1972 à propos de versement de somme d'argent sous la contrainte morale.

En l'espèce, des personnes étaient poursuivies pour divers chefs d'infractions, d'escroquerie, d'abus de confiance et d'extorsion de fonds pour s'être fait remettre des sommes d'argent, à destination d'une mutuelle de village, sous la contrainte « morale ». Les qualifications étaient incertaines. Quoique son arrêt semble encourir la cassation pour insuffisance de motifs, la Cour d'Appel a néanmoins conclu qu'en l'absence de manœuvres frauduleuses démontrées et d'acte de détournement, la remise des fonds aux prévenus, fut-elle sous la contrainte, ne saurait constituer l'une des infractions visées par la plainte. Pour elle, les faits reprochés aux personnes mises en cause ne tombent pas sous le coup de la loi pénale [1], en l'absence du préalable légal, c'est-à-dire une disposition réprimant tel agissement.

Toutefois, cela ne signifie pas que le juge ne puisse requalifier les faits. En effet, selon une jurisprudence bien assise, « *il appartient aux tribunaux de donner aux faits dont ils sont saisis la qualification pénale qui convient. Ils peuvent, en conséquence, substituer un délit nouveau à*

---

1. CA d'Abidjan, Chambre correctionnelle, arrêt du 10 avril 1972, RID 1974, p. 39 et s.

celui qui leur est déféré, à condition cependant qu'il ne soit en rien changé aux faits et que ceux-ci restent tels qu'ils ont été énoncés dans les actes de procédure. Un délit de détention illégale d'arme de chasse n'implique aucune soustraction frauduleuse et ne peut de ce fait, être disqualifié en délit de vol » [1]. La *disqualification* des faits étant possible, cette jurisprudence estime que le prévenu poursuivi pour un délit déterminé peut être poursuivi sur des faits nouveaux à condition qu'il accepte que le débat s'ouvre sur lesdits faits et qu'il marque expressément son accord.

Le principe de la légalité implique une double légalité des incriminations et des peines. Il emporte deux conséquences majeures : la non-rétroactivité de la loi pénale et l'interprétation restrictive ou stricte de la loi pénale. Le principe de non-rétroactivité de la loi pénale signifie que la loi pénale nouvelle ne dispose que pour l'avenir et ne peut donc s'appliquer à des faits commis avant son entrée en vigueur.

Il faut préciser que pour servir de base légale à la poursuite, au jugement et à une condamnation quelconque, la loi doit être promulguée par acte du président de la République (décret). C'est l'acte par lequel le président de la République constate officiellement l'existence de la loi et la rend exécutoire. En matière pénale, en raison du principe de la légalité qui suppose une précision des

1. C.A. d'Abidjan, arrêt n° 285 du 3 mars 1969, RID, 1970/1, p. 65.

incriminations, la promulgation de la loi est très importante, à défaut celle-ci reste lettre morte [1].

Quant à l'interprétation stricte de la loi pénale, elle implique l'interdiction faite au juge d'étendre le champ d'application d'une disposition de la loi pénale à des situations ou à des faits qui ne sont pas prévus par ladite disposition ou à des situations voisines. Interpréter la loi pour le juge, revient à donner ou à restituer à la loi son sens, surtout en cas d'obscurité pour tirer les conséquences et prendre, sur cette base, la décision appropriée. Il est donc soumis à l'autorité de la loi et agit dans le respect scrupuleux de la loi [2].

C'est sans étonnement que les philosophes révolutionnaires se méfiaient du pouvoir d'interprétation du juge et qu'ils adoptèrent une conception rigoriste, celle défendue par Beccaria : « *le pouvoir d'interpréter les lois pénales ne doit pas être confié (...) au juge des affaires criminelles, pour la bonne raison qu'ils ne sont pas législateurs (...). En présence de tout délit, le juge doit former un syllogisme parfait : la majeure doit être la loi générale, la mineure l'acte conforme ou non à la loi, la conclusion étant l'acquittement ou la condamnation. Si le juge fait volontairement ou par contraire, ne fût-ce que des syllogismes au lieu d'un seul, c'est la porte ouverte à l'incertitude* » [3].

---

1. V° Paris, 15 février 1965, GP 1965, I, 304 ; Trib. Corr. Morlaix, 2 janv. 1984, GP 1984 ; J. PRADEL « Droit pénal général. Introduction au droit pénal », Ed. Cujas, t.1, 7e éd., 1989, p. 243.

2. V° F. WODIE, « Le juge et la loi », Ed. CERAP, 2011, p. 32.

3. Cesare BECCARIA, « Des délits et des peines », Préface de Robert Badinter, GF-Flammarion, Pp. 66-67.

Dans le même sens, l'article 13 alinéa 2 du Code pénal adhère à l'interprétation stricte de la loi pénale et rejette l'idée d'un quelconque pouvoir d'interprétation reconnu au juge qui l'autoriserait à raisonner ou à appliquer la loi pénale à partir d'un raisonnement par analogie : « *A=B, si B=C alors A=C* ». L'interprétation ou le raisonnement par analogie dont le rejet est consacré par l'article 13 consiste à résoudre une espèce pénale, non prévue par la loi en se réclamant de son esprit latent et en prenant pour point de départ la similitude de l'espèce donnée avec une autre que la loi a définie ou prévue dans un texte et, dans les cas extrêmes, en recourant aux fondements de l'ordre juridique pris dans leur ensemble [1].

Il faut faire observer que la méthode analogique n'est pas à proprement parler une méthode d'interprétation d'un texte puisqu'elle suppose l'absence de texte. Ce faisant, on notera que la définition de la doctrine fait apparaître l'existence de deux modalités de l'analogie. La première forme est l'analogie légale (*analogia legis*) qui tend à intégrer dans le cadre légal un cas non prévu. De façon plus concrète, l'analogie légale consiste à constater qu'aucun texte ne réprime un acte donné parce que dangereux socialement (*a*), à viser le texte de la partie générale du Code qui autorise le juge à réprimer par analogie (*b*), à sanctionner le fait ou l'acte à punir, en lui appliquant le texte incriminant et punissant le fait le plus voisin. L'exemple classique en la matière est celui de l'article 16 du Code pénal russe de 1926 (aboli en 1958) selon lequel « *Si un acte socialement dangereux n'est pas prévu expressément par le présent code, le fondement et les limites de la responsabilité*

1. L. JIMENEZ De ASUA, « L'analogie en droit pénal », RSC, 1949, p. 187 et s.

encourue à son sujet sont déterminés conformément aux articles du Code qui prévoit les délits dont la nature s'en rapproche le plus » [1].

La seconde forme est l'analogie juridique (*analogia juris*), selon laquelle le juge se fonde non plus sur le voisinage complaisant d'un texte, mais sur l'esprit général du droit pénal : le juge va créer le droit. Un exemple d'analogie juridique, c'est le paragraphe 2 du Code pénal allemand, réformé à l'époque nazie et aboli en 1946 : « *Sera puni quiconque commettra un délit que la loi déclare punissable ou qui méritera une peine en vertu des principes fondamentaux de la loi pénale et d'après le sain instinct du peuple* ».

Si l'analogie juridique est absolument à proscrire, il en va autrement de l'analogie légale qui peut être admise tant qu'elle va dans le sens de l'intérêt du prévenu. Et, le droit positif n'y est pas systématiquement opposé. Enfin, il faut faire observer que l'interdiction posée par l'article 13 alinéa 2 ne prive pas le juge de tout pouvoir d'interprétation de la loi pénale. En effet, ainsi qu'il est rappelé à l'article 20 du Code pénal, les deux corollaires du principe de la légalité connaissent quelques atténuations qu'il convient de rappeler. Tout d'abord, l'interprétation stricte de la loi pénale ne signifie pas que le juge ne doit en aucun cas envisager une quelconque interprétation. La loi ne peut pas tout prévoir ni tout régler. Parfois obscure, elle est incomplète ou devient progressivement obsolète. Il faut donc l'interpréter, la compléter, l'adapter. Si le législateur

---

1. J. PRADEL, « Droit pénal. Introduction générale au droit pénal », Ed. Cujas, t.1, Paris, 1989, p. 185.

s'en abstient, qui mieux que le juge peut remplir cette triple tâche !

En faisant obligation au juge de juger, malgré le silence, l'obscurité ou l'insuffisance de la loi, l'article 4 du Code civil l'y incite davantage et lui reconnaît un pouvoir propre lui permettant de compléter la loi, voire de la prolonger et, parfois même, le temps ayant passé, d'en changer le sens lorsque cela est nécessaire à la solution du litige dont il a à connaître [1].

Quant à la question de savoir si le juge répressif peut vérifier ou juger de la conformité de la loi pénale à la constitution, l'article 221 du Code pénal le lui interdit, car il s'agit d'une prérogative dévolue au juge constitutionnel.

Néanmoins, lorsque le texte ou une disposition pénale paraît obscur ou comporte des erreurs matérielles, le juge doit s'efforcer d'en clarifier le sens et la portée, sans en dénaturer ni l'esprit ni la lettre. De même qu'il peut s'autoriser la correction matérielle du texte ou de la disposition. Ensuite, il existe des cas où la loi pénale nouvelle va s'appliquer à des faits commis avant son entrée en vigueur. C'est l'hypothèse où la loi pénale nouvelle est plus douce que la loi pénale ancienne. Dans ce cas, elle peut rétroagir, à une condition (*V. note de l'article 20*) et tant qu'elle a pour effet d'atténuer le sort du délinquant. Il en sera ainsi si la loi pénale nouvelle supprime une ou toutes les circonstances aggravantes d'une infraction, réduit la peine encourue, dépénalise une infraction ou correctionnalise un crime par exemple.

---

1. F. TERRE, « Introduction générale au droit », *Op. cit.*, p. 283.

Par ailleurs, les lois interprétatives ou les lois instituant des mesures de sûreté seront d'application immédiate, sans qu'il soit besoin de savoir si elles sont plus douces ou non.

Article 14

La loi pénale s'applique à tous également.

Les seules distinctions admises sont celles prévues par la loi elle-même et qui tiennent notamment aux immunités consacrées par le droit public, à l'importance de l'infraction et de la faute, à l'âge ou à la qualité spéciale de l'auteur et au danger social qu'il représente.

Est mineur au sens de la loi pénale, toute personne âgée de moins de 18 ans lors de la commission de l'infraction. Les mineurs de 10, 13 et 16 ans sont ceux qui n'ont pas atteint ces âges lors de la commission de l'infraction.

Note.

L'article 14 du Code pénal rappelle un principe déjà posé par la Constitution ivoirienne de 2016 qui déclare l'égalité de tous les Ivoiriens devant la loi. Tous les individus naissent libres et sont égaux devant la loi. De même, devant la loi pénale nous le sommes tous, de sorte que la loi pénale s'applique à tous y compris à toutes les personnes vivant sur le territoire de la République, sans distinction de race, d'ethnie, de région, ni même de nationalité, sauf disposition particulière tenant compte de la qualité de l'auteur, de son âge, des privilèges dont il jouit, de la personnalité ou de son état dangereux.

En outre, le législateur ivoirien a fixé l'âge de la majorité pénale à 18 ans révolus et a prévu divers régimes juridiques modulés suivant qu'il s'agisse de personnes n'ayant pas

encore 10 ans, 13 ans et 16 ans au moment des faits. Suivant ces régimes on notera qu'en droit ivoirien :
1°) les mineurs de dix (10) ans sont exclus du champ du droit pénal, le droit pénal ne s'applique pas à ceux-ci ;
2°) les mineurs de treize (13) ans, quant à eux, bénéficient de la présomption irréfragable d'irresponsabilité pénale, de l'excuse absolutoire de minorité et sont, de ce fait, hors de portée des sanctions pénales ;
3°) tandis que ceux de plus de treize (13) ans et moins de seize (16) ans, bénéficient de cette même présomption, mais il s'agit d'une présomption simple susceptible de preuve contraire. Ils peuvent faire l'objet de condamnation pénale, dans les conditions déterminées par les articles 756 et suivants du Code de procédure pénale. Ils bénéficient de plein droit de l'excuse atténuante de minorité ;
4°) enfin, les mineurs de plus de seize (16) ans et moins de dix-huit (18) ans, peuvent bénéficier de l'excuse atténuante de minorité ou de circonstances atténuantes et peuvent faire l'objet de condamnation pénale, par une décision motivée du juge.

Dans tous ces cas de figure, le juge doit privilégier les mesures de protection, d'assistance et de surveillance appropriées, rechercher les moyens de la réinsertion sociale du mineur délinquant et recourir, à titre exceptionnel, aux sanctions pénales, lorsque les circonstances et la personnalité du mineur l'exigent.

Cependant, quelques fois, la détermination de l'âge exact du mineur pose des difficultés, en l'absence de tout document administratif fiable, établissant de façon irréfutable l'âge réel de l'individu mis en cause. Or cet aspect est déterminant, en ce qui concerne la saisine de la juridiction compétente pour connaître de la cause, ce d'autant plus que le mineur de 18 ans auquel est imputée une infraction n'est pas justiciable devant les juridictions de droit commun, mais plutôt devant les juridictions pour mineurs (Tribunal pour enfants, Juge des enfants et Cours d'assises des mineurs). Pour déterminer l'âge du mineur, la jurisprudence part du principe suivant lequel l'âge à prendre en compte est celui au moment des faits. L'âge au moment des faits est déterminé par le temps écoulé depuis la naissance du mineur, calculé d'heure à heure [1].

C'est cette même position qu'a adoptée la Cour d'Appel d'Abidjan dans un arrêt inédit en date du 6 avril 1992, pour rejeter l'appel interjeté par le Ministère public contre un jugement rendu par le Tribunal correctionnel d'Aboisso, lequel s'était déclaré incompétent pour connaître du chef des délits de vol et d'usurpation de titre reprochés à un jeune homme, qui selon toute évidence était mineur au moment des faits : « *Considérant qu'il apparaît...que le prévenu né le 14 août 1962, était âgé de moins de 18 ans au moment des faits ; qu'il s'ensuit qu'il n'était justiciable que du tribunal pour enfants, par application des dispositions de l'article 756 du Code de procédure pénale ; qu'il y a lieu de confirmer la décision du premier juge* » [2].

Le juge apprécie souverainement l'âge du mineur et peut recourir, pour ce faire, en cas de contrariété, à l'aide de l'Officier de l'État civil (art. 761 al. 1er CPP). À défaut d'un

---

1. Cass. Crim., 13 octobre 1986 : Bull. crim., 1986, n° 282, V° ég. B. BOULOC, « Pénologie. Exécution des sanctions adultes et mineurs », 2e éd., Ed. Dalloz, p. 296.

2. C.A. d'Abidjan, Ch. correct. Arrêt inédit, n° 698 du 6 avril 1982, Ministère public C/ ED).

acte de naissance, la preuve de la minorité du prévenu peut résulter d'un jugement supplétif de naissance rendu par le juge d'après le témoignage de deux (2) personnes. Cependant, la valeur probante de ce document n'est pas toujours certaine, car beaucoup de parents le font établir à des fins scolaires pour retarder par exemple la limite d'âge scolaire ou la période à laquelle l'enfant n'aura plus droit aux allocations familiales. Cette pratique est très répandue en Côte d'Ivoire. Par ailleurs, il est fréquent que le juge se retrouve face à des jeunes délinquants « officiellement » des mineurs, mais dont la corpulence s'apparente à celle de jeunes adultes.

À cela s'ajoute le cas des personnes présentant des actes d'état civil sur lesquels figure la mention « *...né (e) vers....* », au lieu de « *...né (e) le...* ». En l'absence de toute mention précise, une certaine jurisprudence a tendance à considérer que le doute, dans ce cas, profite au prévenu. C'est du moins ce qui résulte de l'arrêt de la Cour d'Appel du 20 mars 1980 dont la teneur est libellée comme suit : « *Considérant qu'il est reproché au prévenu, courant novembre 1973, d'avoir volontairement exercé des violences et voies de fait sur la personne de NDM ; considérant qu'il résulte des pièces du dossier que le prévenu est né vers ; qu'en conséquence, par application de l'article 760 alinéa 2 du Code de procédure pénale, il était mineur de 18 ans justiciable du tribunal pour enfants ; considérant que donc c'est à tort qu'il a été traduit devant le Tribunal correctionnel de droit commun ; qu'il y a lieu d'annuler le jugement entrepris* » [1].

---

1. C.A. d'Abidjan, Ch. correct., Arrêt n° 722 du 20 mars 1980, Ministère public C/ Y.E.G., RID, n° 3-4/1986, Pp. 170-171.

Chapitre 2 : CHAMP D'APPLICATION DE LA LOI PÉNALE

Section 1 - Application dans l'espace

Article 15

La loi pénale s'applique à toute infraction commise sur le territoire de la République lequel comprend :

1°L'espace terrestre délimité par les frontières de la République ;

2°Ses eaux territoriales ;

3°L'espace aérien au-dessus du territoire terrestre et des eaux territoriales ;

4°Les navires et aéronefs immatriculés en Côte d'Ivoire.

Aucun membre de l'équipage ou passager d'un navire ou aéronef, étranger auteur d'une infraction commise à bord au préjudice d'un autre membre de l'équipage ou passager à l'intérieur des eaux territoriales ou de l'espace aérien ivoirien ne peut être jugé par les juridictions ivoiriennes sauf dans les cas suivants :

1° L'intervention des Autorités ivoiriennes a été réclamée ;

2° L'infraction a troublé l'ordre public ;

3° L'auteur ou la victime de l'infraction est ivoirien.

Note.

Le droit pénal est l'expression de la souveraineté nationale que chaque État conserve jalousement. L'État détient le monopole de la contrainte légitime, une contrainte qu'il est seul à pouvoir exercer sur les sujets de droit [1].

---

1. D. SALAS, «La République pénalisée », Ed. Hachette, Paris, 2002 ; J.-J. ROUSSEAU, « Du contrat social », Ed. Gallimard ; J.

L'État de Côte d'Ivoire exerce sa souveraineté pénale sur toute l'étendue du territoire de la République.

Pour ce faire, la Côte d'Ivoire a adopté le principe de la territorialité de la loi pénale censée s'appliquer à toutes les infractions commises sur son territoire tel que défini par l'alinéa 1er de l'article 15 du code pénal et à leurs auteurs, co-auteurs, complices et aux victimes, quelle que soit leur nationalité. De ce fait, la loi pénale ivoirienne s'applique donc aux infractions commises en Côte d'Ivoire et à celles qui sont réputées commises sur le territoire de la République. Cela signifie concrètement que tout individu qui commet en Côte d'Ivoire une infraction, quelle que soit sa nationalité, quelle que soit la nationalité de la victime, est poursuivi, jugé et condamné, conformément à la loi pénale ivoirienne en vigueur.

Naturellement, les infractions commises sur le territoire ou dans des espaces considérés comme étant le prolongement d'un autre État devraient, en principe, échapper à la compétence des juridictions ivoiriennes, sauf dans les cas limitativement énumérés par l'alinéa 2 de l'article 15. Nous verrons plus loin que le législateur ivoirien a adopté une conception extensive du principe de la territorialité, laquelle a tendance à se rapprocher du principe de la *compétence universelle*, en vertu de laquelle un État va donner compétence à ses juridictions pour poursuivre et juger des infractions commises en dehors de ses frontières territoriales, quelle que soit la nationalité de

---

PRADEL, « Droit pénal général. Introduction au droit pénal général », Ed. Cujas, 1995.

leurs auteurs et celle des victimes. C'est le cas par exemple de la Belgique.

Article 16

La loi pénale s'applique aux infractions commises partiellement ou totalement à l'étranger, dans les conditions prévues par le Code de Procédure pénale.

Note.

L'article 16 du Code pénal se présente comme une exception à la règle posée par l'article 15 selon laquelle la loi pénale s'applique aux infractions commises sur le territoire de la République ; toute chose qui laisse à penser que cet article reconnaît aux juridictions ivoiriennes une sorte de compétence universelle pour connaître des faits commis sur le territoire d'un État étranger. Ainsi, la loi pénale va s'appliquer quand bien même les faits ne seraient pas commis sur le territoire de la République, lorsqu'ils seraient commis partiellement ou entièrement sur le territoire d'un autre pays par un ivoirien.

Seulement, la loi ivoirienne ne s'appliquera que sous certaines conditions posées par le code de procédure pénale en ses articles 658 à 664. En effet, si l'infraction constitue un crime portant atteinte gravement aux intérêts supérieurs de la Côte d'Ivoire, au regard de la loi pénale ivoirienne, l'auteur peut être poursuivi devant les juridictions ivoiriennes, s'il est arrêté ou si l'État de Côte d'Ivoire obtient son extradition [1].

1. Art. 658 du Code de procédure pénale.

Pour obtenir cette extradition, la Côte d'Ivoire, en tant qu'État requérant, peut exciper de l'existence d'une convention de coopération judiciaire avec l'État requis où l'infraction a été commise. Lorsque l'infraction reprochée est un délit, la loi ivoirienne exige que le ou les faits soient prévus et punis par la loi de l'État requis (principe de réciprocité de l'incrimination).

Concernant les contraventions commises par des ressortissants ivoiriens sur le territoire d'un pays limitrophe, la loi pénale ivoirienne autorise la poursuite des auteurs, si l'État concerné autorise la poursuite de ses nationaux en Côte d'Ivoire, en cas de contravention dans les conditions prévues par l'article 664 du code de procédure pénale [1].

Ainsi que nous l'avons relevé plus haut, lorsque l'infraction porte atteinte – qu'elle soit un crime ou un délit – à un intérêt particulier tenant à la sûreté de l'État, à la contrefaçon du sceau de l'État ou de la monnaie nationale, tel qu'énumérés à l'article 663 du Code de procédure pénale, la loi pénale nationale ivoirienne s'appliquera, sans qu'il soit besoin de s'interroger quant à la nationalité de son auteur, du lieu de commission de l'infraction ou de son lieu de rattachement.

On pourrait voir à travers cette disposition une sorte de compétence universelle résiduelle reconnue aux tribunaux ivoiriens, qui tiendrait compte de l'intérêt en jeu. Mais, en réalité, ce n'est rien d'autre qu'un système de protection en

---

1. Réciprocité des poursuites, ces deux termes se rejoignent finalement puisqu'il ne peut y avoir de poursuite sans incrimination. J.-P. GALLE, « Précis de droit pénal général », Ed. ABC, 2013, p. 53-56.

faveur de l'État que cette disposition aménage. En effet, il faut savoir que le droit international coutumier reconnait cinq (5) principes fondant la compétence pénale extraterritoriale d'un État : le principe de la territorialité (*a*), selon lequel un État peut réglementer une activité délictuelle à l'étranger, si celle-ci a un effet substantiel sur le territoire de cet État ; le principe de la personnalité active (*b*) qui autorise un État à poursuivre l'un de ses ressortissants pour une infraction commise par lui à l'étranger ; le principe de protection (*c*) qui s'applique aux crimes de trahison, à l'espionnage et aux infractions mettant en jeu la sûreté de l'État (système que semble avoir adopté la Côte d'Ivoire), mais non pas à des infractions « ordinaires » comme le meurtre, vol, escroquerie ou abus de confiance ; le principe de l'universalité (*d*) qui autorise un État à poursuivre certains crimes reconnus comme tels par la communauté internationale (crimes internationaux) : le terrorisme, la traite humaine ou l'esclavage, l'attaque ou le détournement d'avions, le génocide, les crimes de guerre, quel que soit le lieu où ces crimes sont perpétrés ; et, enfin, le principe de la personnalité passive (*e*) très controversé qui fonde la compétence d'un État sur la qualité de ressortissant de cet État que possède la victime [1].

Nonobstant la controverse que ce principe suscite, la plupart des États qui y sont favorables, limitent leur compétence pénale, conformément au principe de la personnalité passive, aux seuls actes criminels les plus graves, tels que le terrorisme et les crimes violents, la

1. V° en ce sens Éric CAFRITZ, Omer TENE, « Plaidoyer en faveur d'une restriction de la compétence personnelle passive en droit français », RSC, 2003, p. 733 et s.

circonscrivent dans ces cas, par des garanties procédurales, puis l'assortissent de l'exigence de la double incrimination.

Le droit français, quant à lui, ne s'impose pas ces limites et s'octroie la compétence la plus large possible sur le fondement du principe de la personnalité, toute chose qui constitue une immixtion dans la souveraineté pénale des autres États et qui place leurs ressortissants sous la menace potentielle d'une mise en cause de leur responsabilité pénale, par exemple, dans leurs relations commerciales avec des ressortissants français.

Enfin, il faut rappeler que les accords d'extradition ou même le principe de réciprocité qui peut exister entre des États rencontrent une limitation dans les réserves des conventions internationales ayant pour vocation la sauvegarde des droits de l'Homme. En effet, l'état actuel du droit international étend, par évolution coutumière, l'alinéa 5 de l'article 60 de la convention de Vienne, au-delà des dispositions du droit humanitaire, aux dispositions qui garantissent le respect des droits de l'Homme dans sa personne et dans ses biens. Ainsi, face à l'exigence du respect des droits de l'Homme, le principe de réciprocité s'efface [1]. Ce qu'il faut retenir, c'est que les règles coutumières du droit international protégeant les droits de l'Homme ne sont pas soumises au principe de réciprocité, de sorte que l'État requis peut, s'appuyant sur cette autre règle, refuser d'accéder à la demande de l'État requérant, dans l'hypothèse où cette demande présente des risques

1. V° Roger PINTO, « L'application du principe de réciprocité et des réserves dans les conventions interétatiques concernant les droits de l'Homme », in Mélange offerts à Georges Levasseur « Droit pénal-Droit européen », Ed. Litec, Paris 1992, p. 85 et s.

évidents de violation des droits de l'Homme de la personne poursuivie.

De *lege ferenda*, l'article 6-1 de la Convention européenne sur l'extradition de 1957 dispose, à cet effet, que tout État partie « aura la faculté de refuser l'extradition de ses ressortissants », tandis que l'alinéa c) précise que la qualité de ressortissant « sera appréciée au moment de la décision sur l'extradition ».

Article 17

L'infraction est réputée commise :

- À l'endroit où est accompli le fait qui la constitue ;

- Dans l'un quelconque des lieux où est réalisé l'un de ses éléments constitutifs ;

- Dans les divers lieux où se prolonge ou se renouvelle le fait ;

- À l'endroit où est commis l'un des faits dont la répétition est nécessaire pour constituer l'infraction ;

- Au lieu du fait, de son but immédiat ou de son résultat.

La tentative est réputée commise à l'endroit où est commis le fait qui constitue un commencement d'exécution, au sens de l'article 24.

Note.

Lorsque l'infraction est commise dans un espace géographique délimité ou sur un territoire donné, comme nous l'avons souligné plus haut, la détermination de la loi pénale applicable et des juridictions compétentes pour en connaître ne pose pas de problème majeur. En règle générale, le droit pénal national a vocation à s'appliquer aux infractions commises sur le territoire d'un État donné (art.

1er CP), à juger leurs auteurs et leurs complices éventuels, conformément aux lois pénales en vigueur dans cet État.

Cependant, la question devient plus délicate, lorsque l'infraction comporte un élément d'extranéité, c'est-à-dire lorsque, par exemple, l'un de ses éléments se réalise sur le territoire d'un autre État ou lorsque le complice de nationalité étrangère exécute ses actes de participation sur le territoire d'un autre pays. Cette problématique apparaît en filigrane dans l'article 17 qui pose les questions suivantes :

Dans l'hypothèse précédente, en quel lieu l'infraction est-elle réputée commise ? Est-ce au lieu de l'acte matériel qui caractérise l'infraction ou au lieu où l'un de ses éléments constitutifs ou bien au lieu où l'exécution de l'acte constitutif s'est renouvelée ou s'est prolongée ? Qu'en est-il du lieu de commission de l'infraction dont l'exécution a commencé, mais est interrompue en cours d'exécution, en raison d'une circonstance indépendante de l'agent ?

C'est à ces interrogations qu'est consacrée toute l'économie de l'article 17 du Code pénal. Cela dit, l'article 17 s'applique aux infractions complexes telles que l'escroquerie dont la réalisation nécessite l'accomplissement de plusieurs actes de nature différente, l'usage de manœuvres frauduleuses, de fausse qualité ou l'abus de qualité vraie au sens de l'article 403 du Code pénal. La solution du droit ivoirien est que la loi pénale ivoirienne devrait s'appliquer, dès lors que l'un des éléments des faits matériels constitutifs de l'infraction complexe est commis en Côte d'Ivoire.

En ce qui concerne les infractions d'habitude, il suffit qu'un seul acte ait été perpétré en Côte d'Ivoire. Il en sera ainsi des infractions continues. La loi pénale ivoirienne s'applique, lorsque l'acte délictueux se prolonge pour partie sur le sol ivoirien. Le droit français a adopté la même solution grâce à une extension légale et jurisprudentielle du principe de territorialité de la loi pénale.

Les tribunaux français considèrent que, dès l'instant où l'infraction principale s'exécute en France, l'acte de complicité commis en France ou à l'étranger relève de la compétence de la loi pénale française. Cependant, l'application dudit principe à une situation inverse risque d'entraîner la compétence de la loi pénale étrangère.

Aussi, pour contourner le verrou, le législateur français a-t-il inventé l'article 113-5 du Code pénal aux termes duquel la loi pénale française est applicable à quiconque s'est rendu coupable sur le territoire de la République, comme complice, d'un crime ou d'un délit commis à l'étranger, si le crime ou le délit est puni à la fois par la loi française et par la loi étrangère et s'il a été constaté par une décision définitive de la juridiction étrangère [1].

Section 2 : Sentences pénales étrangères

Article 18

Les sentences pénales étrangères peuvent être prises en considération pour l'octroi et la révocation du sursis, la récidive, l'application des mesures de sûreté, les

---

1. V° Marie-Christine SORDINO, « Droit pénal général », Gualino éditeur, Paris, 2000, p. 85.

incapacités et déchéances, la réhabilitation, les réparations, restitutions ou autres effets civils ainsi que pour toutes les autres conséquences juridiques prévues par le présent Code.

Cette prise en considération est subordonnée à la condition que la sentence étrangère ait été rendue à propos d'infractions considérées comme crimes ou délits de droit commun par la loi ivoirienne, qu'elle émane d'une juridiction ordinaire et non d'exception et que sa régularité, son caractère définitif et sa conformité à l'ordre public ivoirien aient été constatés par le juge au vu d'un extrait certifié conforme du casier judiciaire ou d'une attestation officielle de l'Autorité judiciaire étrangère.

Section 3 : Application dans le temps

Article 19

Nul ne peut être poursuivi ou jugé en raison d'un fait qui aux termes d'une disposition nouvelle ne constitue plus une infraction.

Si antérieurement à cette disposition, des peines et mesures de sûreté ont été prononcées pour ce fait, il est mis fin à leur exécution, à l'exception de l'internement dans une maison de santé et de la confiscation mesure de police.

Toutefois, en cas d'infraction à une disposition pénale sanctionnant une prohibition ou une obligation limitée à une période déterminée, les poursuites sont valablement engagées ou continuées et les peines et mesures de sûreté exécutées, nonobstant la fin de cette période.

Note.

Cet article pose la règle de l'application immédiate de la loi pénale nouvelle plus douce supprimant une infraction existant avant son entrée en vigueur. La règle est que lorsqu'une loi nouvelle supprime ou dépénalise une infraction, toute personne qui se serait rendue coupable de cette infraction, avant son entrée en vigueur, ne pourra plus être poursuivie, jugée ou condamnée. Cette loi pénale nouvelle qui dépénalise l'infraction est nécessairement plus douce que la loi pénale ancienne [1] et devrait s'appliquer immédiatement au délinquant.

Bien évidemment, lorsque la loi nouvelle supprime une infraction et qu'une personne condamnée, avant l'entrée en vigueur de cette loi, est en train d'exécuter la peine ou la mesure de sûreté prononcée à son encontre, il sera mis fin à l'exécution de ces peines et elle sera remise en liberté.

Tel est le sens des deux premiers alinéas de l'article 19 du Code pénal. Néanmoins, l'article 19 fixe des exceptions [2] à cette règle qu'il convient de rappeler, à toutes fins utiles. En effet, la règle posée par l'article 19 laisse subsister l'internement dans une maison de santé, prononcé à titre de mesure de sûreté, tout comme la confiscation, à titre de mesure de police. Ces mesures sont maintenues (à titre préventif), pour prévenir la réitération du passage à l'acte ou pour préserver la santé du délinquant.

Par ailleurs, le texte, en son alinéa 3, prévoit une autre exception, concernant l'application des lois temporaires,

1. V° A. AYE AYE, « Droit pénal général. Cours et Travaux dirigés », Ed. ABC, p. 30.

2. *Ibidem*, Pp. 31 à 32.

selon laquelle au cas où l'agent vient à commettre une infraction à une disposition pénale sanctionnant une prohibition ou une obligation limitée à une période déterminée, les poursuites seront valablement engagées. Celles-ci devraient continuer, tandis que les peines et mesures de sûreté seraient exécutées, malgré la fin de cette période.

Du point de vue de la politique pénale, cet aménagement vise à empêcher l'agent de se soustraire aux poursuites et aux sanctions pénales.

Article 20

Toute disposition pénale nouvelle s'applique aux infractions qui n'ont pas fait l'objet d'une condamnation devenue définitive au jour de son entrée en vigueur, si elle est moins sévère que l'ancienne.

Dans le cas contraire, les infractions commises avant l'entrée en vigueur de la disposition pénale nouvelle, continuent à être jugées conformément à la loi ancienne.

Toute loi prévoyant une mesure de sûreté est immédiatement applicable aux infractions qui n'ont pas fait l'objet d'une condamnation devenue définitive même dans le cas où la législation ancienne prévoyait l'application d'une peine au lieu et place de la mesure de sûreté.

Note.

Il résulte des dispositions de l'article 20 que la loi pénale nouvelle plus douce peut être invoquée pour toutes les infractions n'ayant pas fait l'objet d'une condamnation passée en force de chose jugée ou définitive, étant entendu qu'une condamnation est dite définitive, lorsqu'elle est insusceptible d'une voie de recours ordinaire ou extraordinaire. Il va de soi que si la loi pénale nouvelle est plus sévère que la loi pénale ancienne, celle-ci continuera de s'appliquer aux infractions commises avant son entrée en vigueur. Cet aménagement est valable pour les lois pénales prévoyant une mesure de sûreté, lesquelles sont d'application immédiate, ainsi qu'il a été relevé plus haut.

Toutefois, l'application de la loi pénale dans le temps peut poser quelques difficultés techniques. En effet, qu'advient-il lorsque certaines dispositions de la loi pénale nouvelle sont favorables au délinquant, alors même que l'économie générale du texte est de nature à aggraver la répression du fait incriminé (*1er cas*) ? Par exemple, on pourrait se poser la question de savoir si la loi du 09 mars 2015 ayant introduit les crimes contre l'humanité dans le Code pénal peut valablement s'appliquer à des personnes poursuivies pour des faits recouvrant cette qualification, commis durant la crise poste électorale de 2011, avant l'entrée en vigueur de cette loi (*2è cas*).

S'agissant du premier cas, la jurisprudence ivoirienne estime que la loi pénale nouvelle doit s'appliquer. C'est ce qu'elle a révélé dans un arrêt de la Cour d'appel d'Abidjan en date 17 février 1977 [1], à l'occasion de l'application de la loi du 5 août 1974 relative à la qualification et à la répression du vol, à des faits commis avant l'entrée en vigueur de ladite loi.

Quant au second cas, plus délicat, il oblige à envisager une appréciation au regard de l'imprescriptibilité qui

---

1. C. d'Appel, Ch. Correct., 17 févr. 1977, n° 176, RID, n° 3-4, 1977, p. 76.

caractérise ce type d'infraction d'une part et le respect dû à un principe fondamental du droit pénal, à savoir le principe de non-rétroactivité de la loi pénale et qui procède du respect des droits des personnes poursuivies, d'autre part.

La question est encore plus sensible d'autant qu'il s'agit d'un principe consacré par la Constitution ivoirienne de 2016 et inséré dans le bloc des droits de l'Homme [1]. La question est donc de savoir comment faire coïncider la garantie de ce principe avec l'exigence de répression. Sur ce point précis, l'arrêt du 26 février 2014 [2] de la Chambre criminelle de la Cour de cassation française est édifiant et peut servir de base de réflexion à cette problématique et constituer un début de réponse. En l'espèce, la Chambre de l'instruction de la Cour d'appel de Paris avait émis un avis favorable à l'extradition d'un ressortissant rwandais poursuivi par la justice de son pays pour des faits qualifiés « *génocide, complicité de génocide, meurtre, crime contre l'humanité et extermination* », commis à l'occasion de la crise qu'a traversée le Rwanda durant les années 1990 et 1993, sur le fondement d'une loi organique entrée en vigueur, selon toute évidence, en 2004.

La Cour d'appel de Paris avait cru devoir faire droit à la demande du gouvernement rwandais, en s'appuyant sur divers motifs, notamment sur le fait que cette loi résultait d'un long processus conventionnel et législatif ayant abouti à la mise en place de juridictions compétentes pour juger ces crimes ; la ratification par le Rwanda d'une série de

1. Cf. F. PALAZZO, « Constitutionalisme en droit pénal et droits fondamentaux », RSC, 2003, p. 709 et s.

2. Arrêt n° 810 du 26 février 2014 (13-87.888) - Cour de cassation - Chambre criminelle - ECLI:FR:CCASS:2014:CR00810.

textes internationaux relatifs à la prévention et la répression des crimes de génocide, notamment, la Convention pour la prévention et la répression du crime de génocide du 9 décembre 1948 ; la Convention sur l'imprescriptibilité des crimes de guerre et des crimes contre l'humanité du 26 novembre 1968 ; le Pacte international relatif aux droits civils et politiques du 16 décembre 1966...

Un pourvoi est formé contre l'arrêt de la Chambre d'accusation ayant émis un avis favorable à cette extradition. À l'appui de son pourvoi, le mis en cause soulèvera un moyen de droit imparable qui a fini par asseoir la conviction des juges de cassation. En effet, ce dernier expose, dans un premier temps, que la Chambre de l'instruction (Chambre d'accusation), en visant dans l'exposé des motifs les chefs d'infractions susvisées pour lesquelles il serait poursuivi par la justice de son pays, n'a pas pris le soin de dire avec exactitude la ou les dispositions du Code pénal rwandais afférentes à ces crimes. Ensuite, dans un second temps, il soutiendra que la loi servant de base légale aux poursuites est entrée en vigueur postérieurement aux événements de 1990 et 1993, de sorte qu'elle ne devrait disposer que pour l'avenir, en vertu du principe de non-rétroactivité de la loi pénale.

Saisie de la question, la Chambre criminelle a approuvé *in fine* à cet argumentaire. Pour cette haute juridiction, en l'absence d'une définition claire et accessible ainsi que la prévision des peines subséquentes des crimes de génocide et des crimes contre l'humanité dans leurs éléments constitutifs par le Code pénal rwandais ou par tout autre texte au moment des faits, le principe de la légalité criminelle consacré par les mêmes instruments internationaux invoqués par le Ministère public, fait obstacle à ce que les faits reprochés au mis en cause soient considérés comme punis par la loi de l'État requérant. Il s'agit là d'un arrêt de principe qui démontre à quel point les juridictions suprêmes veillent au respect scrupuleux des principes généraux du droit, notamment en matière pénale où les enjeux pour les droits et les libertés des personnes poursuivies sont d'une importance irréductible.

On regrettera ici le fait que les juges de cassation ne soient pas allés un peu plus loin dans la motivation de leur décision ; ce qui aurait permis une application plus complète du principe dont ils sont les garants. En effet, en bornant leur raisonnement aux seuls considérants favorables à la non-application de cette loi, les juges de cassation ont omis de s'intéresser à la « nature » du texte en question qui, du reste, dans le prolongement du principe de la légalité criminelle et de ses atténuations, peut être assimilé à une *loi pénale de forme*. Selon toute évidence, il s'agissait bien d'une loi organique prévoyant la composition et le fonctionnement des juridictions chargées de juger les crimes visés dans l'acte de poursuite. Prise comme telle, cette loi devrait s'appliquer *immédiatement* à la personne poursuivie.

Par ailleurs, une autre raison milite en faveur de la poursuite des crimes reprochés au mis en cause, laquelle tient à l'universalité et à la permanence de la répression de ces crimes. Cette universalité et cette permanence quant à la répression de ces crimes considérés comme des atteintes graves aux valeurs essentielles de civilisation et au droit humanitaire, justifient les poursuites. En effet, la répression de ces infractions communément appelées « crimes de guerre, crimes de génocide… » trouve son fondement juridique dans le droit international et elle est totalement indépendante de la législation pénale de l'État dans lequel elles ont été commises. Leurs auteurs peuvent toujours être poursuivis sans être en droit d'opposer la violation du principe de la légalité, le respect dû à l'humanité étant considéré comme une valeur transcendantale dont la violation constitue toujours un crime.

Raison pour laquelle l'article 7 de la Convention européenne des droits de l'Homme dispose que le principe de non-rétroactivité de la loi pénale ne peut porter atteinte « *au jugement et à la punition d'une personne coupable d'une action ou d'une omission qui, au moment où elle a été commise, était criminelle d'après les principes généraux des nations civilisées* ».

Article 21

Est définitive, toute condamnation résultant d'une décision autre que par contumace qui n'est pas ou n'est plus susceptible de la part du Ministère public ou du condamné d'une voie de recours ordinaire ou extraordinaire.

Note.

En droit processuel, par principe, une décision définitive est une décision insusceptible de voie de recours ou une décision pour laquelle le délai de recours a expiré. La règle est tout aussi valable en matière pénale qu'en matière civile. En effet, hormis les décisions de condamnation par contumace, ni le Ministère public, ni le condamné ne peuvent exercer de recours contre une décision de condamnation définitive, passée en force de chose jugée.

L'interdiction concerne aussi bien les voies de recours ordinaires que les voies de recours extraordinaires et cette interdiction frappe toutes les parties au procès pénal, étant précisé qu'une décision de condamnation définitive est une décision contre laquelle il n'est plus possible d'exercer une voie de recours quelconque, ou une décision contre laquelle toutes les voies de recours ont été épuisées.

Cependant, cela ne signifie pas pour autant que dans l'absolu aucune voie de recours ne puisse être exercée contre une décision définitive. Une demande en révision peut, en effet, être exercée contre une décision de condamnation passée en force de chose jugée et contenant une erreur de fait [1].

Il s'agit d'une voie de recours extraordinaire qui permet de corriger les erreurs judiciaires. Elle est exercée les conditions prévues par les articles 592 et suivants du Code de procédure pénale. Le droit de demander la révision peut être exercé par le Ministère public, le condamné ou son représentant légal, son conjoint, ses enfants, les parents ou légataires universels ou à titre universel du condamné, ou par tous ceux qui ont reçu du condamné une mission expresse.

Elle peut être demandée : lorsque, après une condamnation pour homicide, des pièces sont présentées et sont de nature à faire naître de suffisants indices sur l'existence de la prétendue victime de l'homicide (a) ; lorsque, après une condamnation définitive pour crime ou d'un délit, un nouvel arrêt ou jugement a condamné pour le

---

1. V° Eloi K. YAO, « Traité pratique de procédure pénale », Ed. ABC, 2016, p. 420 et s.

même fait un autre accusé ou prévenu et que, les deux condamnations ne pouvant se concilier, leur contradiction est la preuve de l'innocence de l'un ou de l'autre (b) ; lorsqu'un des témoins entendus, postérieurement à la condamnation, est poursuivi et condamné pour faux témoignage contre l'accusé ou le prévenu (c) ; lorsque, après une condamnation, un fait vient à se produire ou à se révéler, ou lorsque des pièces inconnues lors de débats sont représentées et sont de nature à établir l'innocence du condamné (d). On voit bien, par-là, que la procédure de contumace n'est pas la seule voie de droit qui permet d'attaquer une décision de condamnation devenue définitive.

En définitive, nous retiendrons qu'au moment de la rédaction de ce texte, le législateur a omis la demande en révision qui, selon le Code de procédure pénale (art. 592 et s.), constitue bien une voie de recours extraordinaire qui peut être formée contre une condamnation définitive, lorsque des éléments nouveaux apparaissent et permettent de croire que la condamnation prononcée est une erreur judiciaire.

Chapitre 3 : L'INFRACTION ET SA COMMISSION

Section 1 : Degré de réalisation de l'infraction

Article 22

L'infraction n'est commise que lorsque tous ses éléments constitutifs sont réalisés et réunis.

Si l'infraction est constituée par un fait qui se prolonge ou se renouvelle ou si elle est constituée par la réunion de plusieurs faits, l'infraction est réputée se commettre jusqu'au moment où ces faits ont pris fin.

Note.

À quel moment une infraction est-elle réputée se commettre ? L'article 22 répond à cette interrogation. D'après l'alinéa 1er de ce texte, l'infraction est consommée lorsque l'agent a exécuté tous les actes matériels concourant à sa réalisation (infraction de commission) [1], le cas des infractions dites « instantanées », ou lorsqu'il s'est abstenu d'agir, alors même que la loi l'exigeait (infraction d'omission) [2].

Cependant, il faut garder à l'esprit que l'alinéa 1er ne limite pas la réalisation de l'infraction à la commission des seuls actes matériels y concourant. En effet, la réalisation et la réunion de tous les éléments constitutifs de l'infraction supposent que le juge répressif s'assure de l'existence de l'élément intentionnel chez l'agent. Ce dernier doit avoir agi sciemment, c'est-à-dire en ayant une lucide conscience de son acte et de ses conséquences dommageables. En l'absence de cet élément moral, il n'y a pas infraction et le juge doit se résoudre à prononcer purement et simplement la relaxe du prévenu.

Dans l'appréciation des circonstances de l'infraction et de ses éléments constitutifs, les juges du fond doivent veiller à la réunion du préalable légal ou élément légal, de l'élément matériel mais aussi de l'élément moral.

---

1. Par exemple, pour qu'il y ait vol, il suffit que le juge constate la soustraction frauduleuse de la chose d'autrui (art. 392 CP).

2. Par exemple, le fait de s'abstenir volontairement de porter secours (art. 352 CP).

Les juges du fond ont manifesté leur attachement à cette exigence dans un jugement du Tribunal de Man statuant en matière correctionnelle, du 18 novembre 2014 [1] libellé ainsi qu'il suit : le Tribunal (...), Au Fond sur l'Action Publique, sur les faits de violences et voies de fait :

Attendu que K.F est prévenu des faits de violences et voie de fait ;

Attendu que le prévenu réfute lesdits faits ;

Attendu, en effet, qu'il résulte des débats, que le prévenu n'a pas pu exercer des violences sur le chauffeur de taxi qui était au volant de son véhicule, dans les circonstances décrites par ce dernier sans qu'un accident de la circulation routière ne soit intervenu ;

Qu'en outre, il résulte des déclarations du prévenu et du plaignant que, arrivé au quartier Mistrot de Man, lorsque K.F est descendu du taxi, le chauffeur s'est mis à crier « Oh Voleur »

Attendu que les cris du chauffeur ont attiré l'attention des badauds qui se sont mis à la poursuite du prévenu, qui pour éviter d'être lynché par la foule, s'est saisi d'une hache ;

Attendu que c'est le manche de cette hache qui est malencontreusement tombé sur le pied du plaignant, lui occasionnant une blessure ;

Qu'il convient de dire qu'il n'y avait pas intention d'exercer des violences et voie de fait sur le plaignant ;

Qu'ainsi il y a lieu de déclarer K.F non coupable des faits de violences et voie de fait et de le renvoyer des fins de cette poursuite pour délit non établi ;

---

1. Jugement n° 638/2014 du 18 novembre 2014, Ministère public c/K.F., in Recueil de jurisprudence pénale ivoirienne, USAID/ProJustice, Pp. 88-91.

Sur la destruction volontaire du véhicule d'autrui :

Attendu que le prévenu est poursuivi pour les faits de destruction volontaire de véhicule d'autrui ;

Attendu qu'il ressort des débats que c'est en voulant arracher au prévenu, le sac d'outils que ce dernier tenait, que le sac a échappé au contrôle de K.F et du plaignant et a heurté le pare-brise du véhicule ;

Attendu que cet acte n'est pas volontaire ;

Qu'il convient de déclarer K.F non coupable des faits de destruction volontaire de véhicule d'autrui et de le renvoyer des fins de cette poursuite pour délit non établi ;

Sur les faits de filouterie de transport :

Attendu que K.F est prévenu des faits de filouterie de transport ;

Attendu que le prévenu reconnaît les faits qui lui sont reprochés ;

Qu'en effet, se sachant dans l'impossibilité absolue de payer, il a pris en location le véhicule de place du plaignant ;

Qu'il y a donc lieu de le déclarer coupable des faits de filouterie de transport (…).

On fera observer ici que des trois chefs de poursuite rapportés dans ce cas d'espèce, le Tribunal a fini par relaxer le prévenu des faits de violence, voies de fait et de destruction volontaire du véhicule, le Tribunal ayant estimé que tous les éléments constitutifs des infractions visées n'étaient pas réunis. Le défaut de l'élément moral était apparent.

En revanche s'agissant de la filouterie de transport, le Tribunal dans l'appréciation des faits, a maintenu le prévenu dans les liens de cette prévention et a jugé que tous les éléments constitutifs de cette infraction étaient réunis. Le Tribunal a estimé que l'élément moral, dans ce cas précis, était constitué, dès l'instant où le prévenu : « *se sachant dans l'impossibilité absolue de payer, ... a pris en location le véhicule de place du plaignant* ».

Cette jurisprudence constante est conforme à la prévision de l'alinéa 1er de l'article 22 du Code pénal. Elle rejoint un autre jugement du Tribunal de Bouaké du 27 mars 2013 [1] qui a relaxé un prévenu des faits d'abus de confiance, pour défaut d'élément moral. Quand bien même la motivation de ce jugement est de nature à provoquer la critique, il n'en demeure pas moins vrai qu'elle démontre à suffisance le contrôle systématique que les juges du fond opèrent sur l'existence de l'élément intentionnel des personnes poursuivies pour des faits relevant de la compétence de leur juridiction.

En l'espèce, un individu, après s'être fait remettre diverses sommes d'argent, à titre de mandat, est poursuivi pour abus de confiance, à la suite d'un vol portant sur lesdites sommes. Dans cette espèce, les premiers juges ont estimé que la présomption de détournement n'était pas établie contre le prévenu en raison de l'impossibilité pour ce dernier de faire usage prévu de ces sommes, laquelle, au demeurant, ne pourrait lui être imputée, le vol n'étant pas de son fait. En définitive, le Tribunal a jugé qu'en l'absence de l'élément intentionnel caractérisant le détournement supposé, le délit d'abus de confiance n'est pas constitué.

---

1. Jugement n° 187 du 27 mars 2013, Ministère public c/ A.K., in Rec. de jurisprudence pénale ivoirienne, USAID/ProJustice, Pp. 8-9.

L'économie de l'alinéa 2 du même article apporte, quant à elle, une précision de taille, laquelle permet de distinguer les infractions instantanées des infractions continues ou continuées (*Cf. Note de l'article 2*). De la lecture de cet alinéa, on retient que s'agissant des infractions dont l'exécution se prolonge dans le temps ou se renouvelle ainsi que celles constituées par la réunion de plusieurs faits, comme dans le cas des infractions complexes ou d'habitude, l'infraction est réputée se commettre jusqu'au moment où ces faits ont pris fin et emporte deux conséquences.

D'une part, du point de vue du délai de prescription de l'action publique : 1) c'est au jour du dernier fait qu'est fixé le point de départ de la prescription de l'action publique. Par exemple, en ce qui concerne la séquestration arbitraire, c'est le jour où l'infraction a pris fin, c'est-à-dire, le jour où le séquestré a été « libéré » que commence à courir ce délai, tandis que pour les infractions instantanées qui se réalisent en un trait de temps, le délai commence à courir le même jour de l'infraction (art. 7 CPP) : 2) quant aux infractions d'habitude, qui nécessitent la commission de plusieurs faits dont la répétition seule est punie, l'infraction est réputée se commettre au bout du second acte constitutif de l'habitude, le délai commence à courir à compter du jour du dernier acte qui réalise l'infraction. La jurisprudence a parfois retardé le point de départ du délai de prescription jusqu'au moment où l'infraction a pu être constatée, notamment lorsque le coupable, par une tactique dilatoire, a retardé sciemment ce moment [1].

1. Cass. Crim., 14 février 1938, S. 1939.1.215 ; Cass. Crim., 4 janv. 1935, Gaz. Pal. 1935 : en matière d'escroquerie.

D'autre part, dans l'hypothèse où une la loi nouvelle intervient, au moment de ce fait, qu'elle soit plus douce ou plus sévère, c'est la loi nouvelle qui aurait vocation à s'appliquer, l'infraction ayant été commise sous l'empire de cette loi.

Article 23

Les actes simplement destinés à préparer ou rendre possible l'infraction ne sont pas punissables, sauf s'ils constituent par eux-mêmes une infraction prévue par la loi.

Ils peuvent cependant donner lieu à l'application d'une mesure de sûreté dans les conditions fixées aux articles 92 à 94 du présent Code.

Note.

L'article 23 pose l'épineux problème de la *punissabilité* des actes préparatoires qui sont, par opposition au commencement d'exécution, des actes équivoques : on ne sait pas si l'agent ou le délinquant passera ou non à l'acte. Dans le doute, le droit pénal ne punit pas de tels actes, sauf s'ils constituent intrinsèquement des infractions, selon la loi : par exemple, le fait de détenir une arme à feu, sans permis de port d'arme ou des produits hautement toxiques ou explosifs.

Compte tenu de la gravité, de la nature, du caractère dangereux des actes et l'état dangereux de leurs auteurs, le juge peut prendre à l'encontre de ces derniers des mesures généralement contraignantes exposées dans les articles 92 à 94 du Code pénal. Ce sont en réalité des mesures de sûreté variées consistant pour le juge à prendre l'une des mesures suivantes :

1°) exiger de l'auteur un engagement exprès de bien se conduire et l'astreinte à fournir une garantie, sous la forme d'un cautionnement ou d'une caution personnelle ;
2°) au cas où il est dans l'impossibilité de prendre cet engagement et de fournir la garantie ou sûreté subséquente, sans que cela ne constitue une faute qui lui soit imputable, le juge peut substituer cette mesure par une ou plusieurs mesures prévues aux articles 88 et 89 du Code pénal ;
3°) en revanche, s'il s'y soustrait volontairement ou s'il refuse de mauvaise foi de prendre l'engagement demandé ou s'il ne fournit pas de garantie dans le délai fixé, le juge peut l'y contraindre en prononçant à son encontre et pour une durée égale à celle fixée pour l'engagement, l'internement de séjour, assorti ou non de l'une ou de plusieurs des mesures prévues aux articles 88 et 89 du code pénal. Bien évidemment, s'il fournit, entre temps, les garanties exigées, les mesures précédentes deviennent caduques et cessent immédiatement.

Par ailleurs, lorsque le délai d'épreuve prévu par l'engagement s'écoule sans que l'infraction dont on craint la réalisation ait été commise, les garanties consenties par le délinquant sont levées et les sommes déposées sont restituées. Dans le cas contraire, elles resteront acquises à l'État de Côte d'Ivoire, sans préjudice des peines et mesures de sûreté dont est passible l'infraction.

Article 24

Toute tentative de crime manifestée par un acte impliquant sans équivoque, l'intention irrévocable de son auteur de commettre l'infraction est considérée comme le crime lui-même si elle n'a été suspendue ou si elle n'a manqué son effet que par des circonstances indépendantes de la volonté dudit auteur.

La tentative de délit est considérée comme le délit lui-même dans les cas déterminés par une disposition spéciale de la loi.

La tentative est punissable, alors même que le but recherché ne pouvait être atteint en raison d'une circonstance de fait.

Note.

La simple intention criminelle n'étant pas incriminée, le droit pénal s'est toujours posé la question de savoir à quel moment de l'activité criminelle l'agent devrait être poursuivi devant les tribunaux répressifs et sanctionné. L'article 24 donne une réponse à cette préoccupation. Pour que l'infraction tentée soit punissable, il faut la réunion de deux (2) conditions majeures.

Tout d'abord, il faut que l'acte de l'agent caractérise un commencement d'exécution, c'est-à-dire un acte traduisant de manière non équivoque l'intention ferme de l'agent, traduisant la détermination de commettre l'infraction.

Ensuite, deuxième condition, il faut que l'acte ait été suspendu ou manqué son effet par une circonstance indépendante de la volonté de son auteur. Le constat de cette intention « irrévocable » par les juges suffit à condamner l'agent pour tentative de l'infraction projetée. Ils l'ont démontré dans un arrêt de la Chambre judiciaire de la Cour suprême rendu le 8 avril 1986 : « *Constitue bien une tentative de vol au sens de l'article 24 du Code pénal, non de simples actes préparatoires, le fait pour des individus de s'introduire la nuit dans l'enceinte d'une propriété pour discuter des modalités d'évacuation des biens qu'ils ont décidé de dérober et de poster pour plus de sûreté l'un des leurs aux aguets, ce qui est manifestement indiscutable d'un acte impliquant sans équivoque leur intention irrévocable de commettre le vol projeté et d'autre part qu'ils n'ont été empêchés dans l'accomplissement de leur forfait que par des circonstances indépendantes de leur volonté, en l'espèce, l'intervention inopinée des éléments de la gendarmerie. En conséquence, doit être cassée une décision de la cour d'appel qui donne de ces faits une autre qualification* » [1].

Pour échapper à la répression, le désistement doit intervenir avant la consommation ou la réalisation de l'infraction, s'il intervient après il y aura « repentir actif », sans effet sur sa responsabilité pénale : par exemple, si après son acte, il essaie d'en réparer les conséquences dommageables. En fait, pour échapper à la répression véritablement, l'antériorité du désistement à la réalisation de l'infraction est nécessaire, mais et surtout il doit être volontaire. Comme le souligne un auteur, « *la reconnaissance du désistement volontaire est conforme aux deux fondements de la loi pénale, à savoir la prévention d'une part et la répression d'autre part. Le désistement volontaire est reconnu car ce désistement a permis la non-réalisation de l'infraction (...)* » [2].

---

1. C. sup CI ; Ch. Jud., arrêt inédit n° 10 du 08 avril 1986, Pourvoi n° 84-27 PE en date du 17 sept. 1984.

2. V° Jean-Jacques ANVILLE N'GORAN, « Le repentir en droit pénal général », in Actualité Juridique (AJ), n° 74/2000, Doctrine, p. 138.

À ces deux conditions, la doctrine ajoute une troisième : la tentative de l'infraction inachevée doit être punissable, étant entendu que la tentative de crime est toujours punissable, celle du délit ne l'est que si la loi le prévoit et celle de contravention ne peut l'être.

Dans le prolongement de la répression de la tentative, le législateur ivoirien a jugé bon de réprimer, sur le fondement de l'article 24 du Code pénal, les infractions dites manquées : le délinquant met tout en œuvre pour atteindre son objectif, accomplit tous les actes matériels devant y concourir, mais ne peut y parvenir en raison d'une circonstance indépendante de sa volonté. On prend généralement l'exemple du tireur embusqué qui arme son fusil, ajuste la victime, puis fait feu, mais rate sa cible, en raison d'une circonstance qu'il n'avait envisagée, en l'occurrence la maladresse. La jurisprudence de la Chambre judiciaire de la Cour suprême va même plus loin.

En effet, elle estime que, quand bien même l'agent aura atteint sa cible et si par la suite la victime atteinte n'en décède pas, ce dernier reste punissable : « *constitue une tentative d'assassinat prévue par les articles 24, 342 et 343 du Code pénal le fait pour l'agent de police de s'emparer de son revolver et d'ouvrir le feu sur sa concubine qui a été atteinte à la tempe. En conséquence, il y a lieu d'ordonner le renvoi de la cause devant le Tribunal de Première Instance d'Abidjan pour continuation de l'instruction et jugement* » [1].

---

1. C. sup. Ch. Jud., Arrêt inédit n° 24 du 29 avril 1986 (Pourvoi n° 86-12 PE en date du 28 févr. 1986.

Par ailleurs, l'on retiendra qu'en droit ivoirien, l'infraction manquée est punie sur le fondement de l'article 24 alinéa 3 du Code pénal. Quant à l'infraction impossible, elle est assimilée à la tentative punissable (impossibilité de fait) et réprimée sur le même fondement juridique.

Section 2 : Participation à l'infraction

Article 25

Est auteur d'une infraction celui qui la commet matériellement ou se sert d'un être pénalement irresponsable pour la faire commettre ou contraint sciemment autrui à la commettre.

Note.

Traditionnellement le droit pénal adopte une conception objective de l'infraction, de sorte qu'il punit celui qui a accompli personnellement les actes matériels constitutifs de l'infraction. Cela est d'autant plus vrai que le droit ivoirien a adopté le principe de la responsabilité pénale personnelle consacré par l'article 95 du code pénal : « *La personne physique responsable de ses actes est seule soumise à la sanction pénale* ».

Cependant, il faut noter que cette conception a quelque peu évolué. Elle admet dorénavant que celui qui agit seul tout comme celui qui se sert d'un tiers ou contraint autrui pour commettre une infraction, dans les conditions prévues par l'article 25, est puni en qualité d'auteur. C'est dire qu'à côté de l'auteur matériel, le droit pénal ivoirien admet la notion d' «auteur intellectuel ». Comme son nom l'indique, l'auteur intellectuel ou l'auteur moral ne commet pas matériellement lui-même l'infraction. Il la fait commettre par une autre personne. Il agit en arrière-plan, sans pourtant être assimilé à un complice, puisque l'infraction n'est pas constituée pour l'exécutant, mais plutôt pour celui qui agit dans l'ombre.

Il est en réalité l'instigateur de l'infraction. Pour commettre son forfait ou l'infraction, il va se servir soit d'une personne faible d'esprit, un déséquilibré mental ou un malade mental, soit d'une personne n'ayant pas une grande capacité de discernement, un mineur par exemple. L'auteur intellectuel est poursuivi et sanctionné en qualité d'auteur du fait incriminé, sans qu'il y ait besoin de rechercher la responsabilité pénale de l'exécutant ou de celui qui a « prêté sa main » à le commettre.

Toutefois, quoique la confusion soit sans conséquence sur la répression, la doctrine fait une petite nuance entre les notions d'« auteur indirect » et d'« auteur intellectuel » ou d'« instigateur ». En effet, l'auteur indirect ne va pas réaliser en personne l'élément matériel de l'infraction, celui-ci étant l'œuvre d'une autre personne. L'auteur intellectuel, quant à lui, va être pénalement responsable pour autrui, parce qu'il a laissé accomplir l'infraction. Ce qu'on lui reproche ou du moins sa faute, c'est de n'avoir pas empêché l'infraction, alors même qu'il en avait les moyens, la possibilité ou même le devoir.

C'est le cas d'un employeur qui contrevient à l'exécution des prescriptions du Code du travail relatives à l'hygiène ou à la sécurité des travailleurs, ou encore d'un commerçant dont l'employé viole une réglementation des prix ou commet une fraude sur la qualité ou les quantités des choses vendues. Cette notion qui admet *la responsabilité pénale du fait d'autrui* permet de rechercher la responsabilité de toute personne physique, chef d'entreprise, préposé ou non qui, de par ses fonctions, a la responsabilité de la gestion, de la surveillance ou du contrôle de l'activité d'une personne morale[1]. Un courant doctrinal fonde la responsabilité pénale du chef d'entreprise sur la *théorie du pouvoir.* Selon cette doctrine, le commettant est responsable parce qu'il dispose d'un ensemble de prérogatives qui lui permettent d'avoir la maîtrise des personnes et des choses dans le cadre des activités de l'entreprise. Pour engager sa responsabilité pénale du fait d'autrui, il doit avoir commis une faute.

Cette faute existe grâce aux pouvoirs ou à l'autorité qu'exerce le commettant sur le préposé auteur matériel de la faute (infraction). L'infraction commise par le préposé est rattachée à un agissement fautif de la part du commettant, lequel a permis la réalisation de l'acte prohibé. Le chef d'entreprise est ainsi condamné pour des faits délictueux accomplis par un autre que lui-même parce que ces faits ne seraient pas survenus sans sa propre faute d'abstention ou de négligence. L'acte du préposé ne saurait donc constituer la cause réelle de l'infraction, mais seulement l'occasion qui lui a permis d'intervenir, le comportement de l'auteur immédiat n'ayant fait

1. Ex. art. 3 Loi n° 88-561 du 7 juillet 1988 relative à la protection de la santé publique et de l'environnement contre les effets des déchets industriels toxiques nucléaires et des substances nocives, V° Lois spéciales in Code pénal.

qu'actualiser la responsabilité du chef demeurée jusque-là virtuelle [1].

S'agissant maintenant de l'auteur intellectuel ou de l'instigateur, ce dernier ne réalise pas lui-même l'élément matériel comme dans le cas précédent. Cependant, il l'a voulu et il va le provoquer sciemment. En effet, l'auteur intellectuel ou l'instigateur est *celui qui fait commettre l'infraction par un tiers.* C'est un délinquant dangereux qui opère efficacement en catimini et toujours en arrière-plan.

Certaines législations, le droit français en l'occurrence, font de l'instigation un mode de complicité : la complicité par provocation. Le danger, avec cette notion, avant la réforme du Code pénal français, c'est que l'instigateur pouvait échapper à la répression, lorsque la personne qu'il avait manipulée ou qui a fait l'objet de pression de sa part ne commet pas l'infraction suggérée ou ne tente même pas de la commettre. Pour surmonter l'obstacle, en s'appuyant sur le système de l'emprunt de criminalité, le nouveau Code pénal français a décidé de le poursuivre et de le punir comme auteur.

Article 26

Est coauteur d'une infraction celui qui, sans accomplir personnellement le fait incriminé, participe avec autrui et en accord avec lui à sa réalisation.

---

1. V° M. DELMAS-MARTY & G. GIUDICELLI-DELAGE, « Droit pénal des affaires », 4e éd., p. 58 ; M. DELMA-MARTY « Le droit pénal, l'individu et l'entreprise, culpabilité du fait d'autrui ou du décideur », JCP, 1985.I. 3218.

L'absence chez un individu d'une qualité ou circonstance personnellement nécessaire à la commission d'une infraction n'empêche pas sa qualité de coauteur lorsqu'en toute connaissance et volonté, il s'associe à la réalisation de ladite infraction.

Note.

La notion de coauteur est l'une des plus floues en droit pénal, au regard même de sa définition qui a tendance à l'assimiler à la complicité. La confusion entre ces deux notions est vite faite. En effet, il arrive souvent que soit qualifié de complice un coauteur, tout dépend en pratique de la façon dont sa participation à l'infraction a été appréhendée par le juge.

En réalité, le coauteur tout comme le complice n'accomplit pas personnellement le fait incriminé, mais on peut remarquer que selon la définition de ces deux notions, le coauteur et le complice participent, en collaboration avec l'auteur principal, à la réalisation de l'infraction. Il y a emprunt de criminalité dans les deux cas de figure : les deux n'accomplissent pas personnellement l'infraction, mais ils y participent en accord avec l'auteur principal.

Dans cette hypothèse, qu'est-ce qui peut bien les différencier ? La différence se situerait, semble-t-il, au niveau du degré de participation de chaque protagoniste.

En effet, si le coauteur n'accomplit pas personnellement le fait incriminé, il y participe néanmoins de façon directe ou déterminante, ce qui n'est pas le cas du complice dont la participation criminelle est plus en retrait ou indirecte, pour reprendre les termes de l'article 27 du Code pénal ci-après :

« *est complice.... celui qui, sans prendre une part directe ou déterminante....* ».

Nous retiendrons que plus le concours de l'agent se rapproche du fait incriminé, sa responsabilité pénale pourra être retenue en qualité de coauteur, étant entendu que sans sa contribution l'infraction ne peut se réaliser. En revanche, si le concours de l'agent, quoique nécessaire à la réalisation de l'infraction, est éloigné du fait incriminé, il sera poursuivi pour complicité, étant entendu que même sans son aide l'infraction peut se réaliser. Partant de ce fait, lorsqu'un ou plusieurs individus accomplissent les mêmes actes incriminés, on ne parlera pas de *co-activité*, mais plutôt de *pluralité d'auteurs*.

Cela précisé, l'alinéa 2 de l'article 26 adopte une conception extensive de la notion de coauteur et ne permet pas non plus de cerner les contours réels de celle-ci et ajoute à l'économie de l'article 26 un paradoxe supplémentaire. On fera observer qu'au sens de cet alinéa, il n'existe pas de critères préétablis de la qualité de coauteur, cette qualité pouvant être retenue dès l'instant où le juge constate que l'agent a participé, en toute conscience, avec autrui à la réalisation de l'infraction.

De fait, la différence entre de coauteur et celle de complice n'est pas très évidente, au point qu'une vielle jurisprudence de la Chambre criminelle n'a pas hésité à assimiler le coauteur à un complice pour pouvoir obtenir la condamnation des personnes poursuivies sous ces qualifications distinctes à la même peine [1]. Il s'agit d'un arrêt de principe qui a permis de forger en doctrine, la notion de ***complicité corespective,*** abondamment critiquée par une partie de la doctrine qui se méfie du raccourci qu'emprunte cette notion dans l'appréciation de la participation criminelle du coauteur et du complice et, qui a tendance à les confondre, à partir d'un raisonnement réducteur et trop simpliste.

En l'espèce, deux individus avaient commis un meurtre : l'un se trouvait être la belle fille de la victime et encourait, à ce titre, la peine de mort frappant à cette époque tout parricide. L'autre, gendre de cette victime, n'encourait que la peine du meurtre simple, à savoir les travaux forcés à perpétuité. Ce dernier fut pourtant condamné à mort, condamnation qui donna lieu à un pourvoi en cassation de sa part pour non-respect des règles normales de répression de la *coactivité*.

Le demandeur alléguait, à l'appui de son pourvoi, le fait qu'en raison du principe d'autonomie des criminalités, la sienne lui était propre et n'empruntait en rien celle de l'autre auteur et que la circonstance du lien de filiation existant entre ce dernier et la victime ne pouvait pas lui être opposable. Elle n'aurait pu l'être que s'il avait été déclaré le complice de sa femme et non lorsque, comme en l'espèce, il a été déclaré coauteur.

Bien que pertinent, ce raisonnement approuvé par une partie de la doctrine n'a pas été suivi par la jurisprudence.

---

1. Cass. crim., 9 juin 1848, arrêt Igneux, S. 1848.I. 527, in J. PRADEL & A. VARINARD, « Les grands arrêts du droit pénal général », Ed. Dalloz, 5e éd. 2005, p. 460.

Elle a plutôt choisi de raisonner en équité et déclaré que les coauteurs sont les complices des uns et des autres et admis que certaines causes d'aggravation de la peine qui touchent l'auteur principal jouent également à l'égard du coauteur, de la même façon que s'il n'avait été que le complice, le principe de l'emprunt de criminalité permettant, dans ce cas, l'extension quant aux causes d'aggravation, l'atténuation et l'exemption de peine en matière de complicité.

Cette jurisprudence accueillie favorablement de façon quasi unanime par la doctrine et par les tribunaux prend trop de libertés choquantes sur le terrain de l'analyse juridique et dans son entêtement à attribuer à une même personne deux qualités différentes représentant chacune des degrés de participation différents :
- Cass. Crim., 10 janvier 1952, JCP 1952.IV.38, par exemple, pour le coauteur d'un parricide, elle a décidé que le coauteur du meurtre d'une mère par son fils est nécessairement passible de la même peine des parricides, à condition qu'il ait agi conjointement avec le fils de la victime ;
- Cass. Crim., 15 juin 1860, S. 1861.1.398, à propos du coauteur d'un détournement de deniers publics.

Naturellement la nouvelle rédaction de l'article 121-6 du Code pénal français rend cette construction jurisprudentielle caduque. En effet, le complice étant désormais puni comme l'auteur, il n'est plus nécessaire de considérer le coauteur comme un complice. Cependant, la question de la *complicité corespective* ne semble pas être pour autant résolue définitivement par cette disposition. En effet, si l'article 121-6 consacre l'emprunt de pénalité dans le prolongement de la théorie de l'emprunt de criminalité, il ne tranche pas la question du degré de participation criminelle du coauteur par rapport à celle du complice, toute chose qui ouvre les valves d'une confusion des deux qualités. Ce faisant, de notre point de vue, cette jurisprudence qu'on pourrait qualifier de « dépassée » est en réalité en état de somnolence, si tant est qu'elle n'a pas été remise en cause de façon frontale par la loi, ni perdue son attrait et l'intérêt de sa solution surtout dans l'hypothèse des crimes ou des délits commis à plusieurs.

Article 27

Est complice d'un crime ou délit, celui qui, sans prendre une part directe ou déterminante à sa réalisation :

1° Donne des instructions pour le commettre ou provoque à sa réalisation en usant de dons, promesses, menaces, abus d'autorité ou de pouvoir, machination ou artifices coupables ;

2° Procure tout moyen devant servir à l'action tel arme, instrument ou renseignement ;

3° Aide ou assiste en connaissance de cause, directement ou indirectement l'auteur ou un coauteur de l'infraction dans les faits qui la consomment ou la préparent.

Note.

La complicité requiert l'accomplissement d'au moins un des actes énumérés par l'article 27 et il ne s'agit pas de conditions cumulatives, de sorte qu'un seul acte devrait suffire pour que la complicité soit retenue. Dans le cas contraire, il n'y aura pas complicité. La jurisprudence de la Chambre judiciaire de la Cour suprême estime que « *l'arrêt des poursuites doit être ordonné dès lors qu'il n'apparaît pas clairement établi que c'est sur instruction d'un tiers poursuivi pour complicité d'escroquerie que l'escroc est allé escroquer, cette instruction étant vague et ne remplissant aucune condition de l'article 27-1° du Code pénal* » [1].

Par ailleurs, pour qu'il y ait complicité, l'élément moral est requis chez l'agent ou le complice. Il doit avoir agi en connaissance de cause conformément à l'article 27- 1°, 2° et 3° du Code pénal. Il doit avoir agi en sachant pertinemment que son concours va contribuer à la réalisation de l'infraction. L'exigence de l'élément moral nous autorise à rappeler que pour qu'il y ait complicité, il faut :
1) un fait ou un acte matériel principal punissable ;
2) un acte de complicité (article 27 CP) ;
3) un élément moral précédemment évoqué.

Reste maintenant à savoir si en l'absence d'un fait principal punissable, lorsque par exemple l'auteur du fait principal échappe à la sanction pénale, en raison d'une circonstance particulière, le complice peut y échapper à son tour. Sur cette question, le droit ivoirien a adopté une position différente de celle du droit français [2].

En effet, le droit ivoirien a érigé le délit de complicité en un « délit » autonome, de sorte que la criminalité de complicité, nonobstant le système de l'emprunt de criminalité consacré par l'article 27, lequel lie le sort de l'auteur du fait principal à celui du complice, a apporté un

---

1. C.S., Ch. Jud. Arrêt inédit n° 86-41-Pe du 11/25/1986, CSR 2001-1.

2. V° article 28 CP /arrêt Lacour, Cass. crim., 25 octobre 1962.

aménagement significatif à ce système, de manière à sanctionner le complice indépendamment de l'auteur du fait principal. Cette solution résulte de l'article 28 du Code pénal (*V° note suivante*).

Quelques fois même, la jurisprudence estime qu'il n'est pas nécessaire de rechercher en premier lieu l'existence d'un fait principal punissable et autorise la poursuite systématique à l'encontre du présumé complice. C'est le cas en matière de délit de presse où le directeur de publication est présumé complice des écrits supposés diffamatoires contre le Chef de l'État : « *Le délit de presse est constitué dès lors que le moyen utilisé pour le commettre à savoir la presse écrite permet le contact visuel du public, au sens de l'article 174 C. pénal... qu'une jurisprudence bien établie réprime la complicité même si l'auteur du fait principal ne fait pas l'objet de poursuites pour diverses raisons... ; Ne viole pas la loi, une Cour d'Appel qui condamne le prévenu pour complicité d'offense au Chef de l'État, dès lors que la répression de la complicité n'est pas subordonnée en principe à la condamnation de l'auteur du fait principal, la constatation du caractère du fait délictueux étant suffisante* » [1].

L'acte de complicité doit consister en l'un des moyens énumérés par l'article 27 du Code pénal et, concourir à l'infraction. L'acte doit être antérieur à sa réalisation. Cependant, la jurisprudence de la Chambre criminelle estime que « *l'acte de complicité par aide et assistance*

---

1. Cf. Arrêt Teti Roch d'Assomption, C.S. Ch. jud. Form. Pén., n° 96-642 Pén., 28-11-1996, Publ. CSR 2001-3, pourvoi en cassation contre l'arrêt n° 369 rendu le 12 juin 1996 par la CA d'Abidjan, Chambre Correctionnelle.

postérieur à l'infraction est punissable s'il résulte d'un accord préalable aux faits délictueux » [1].

Par ailleurs, le délit de complicité repose sur un autre élément clé, c'est l'élément moral ou l'élément intentionnel nécessaire pour constituer la complicité. Le défaut de cet élément a pour conséquence de dégager le présumé complice de toute responsabilité : « *le complice d'une infraction n'est punissable que si l'aide ou l'assistance apportée à l'action qualifiée crime ou délit l'a été en connaissance de cause ou si le moyen qui a été fourni et qui a servi à commettre l'infraction l'a été en sachant qu'il devait y servir* » [2].

Par exemple, un individu (*A*) prête son fusil à un autre (*B*) pour une partie de chasse. Ce dernier va l'utiliser pour commettre un vol. La question est de savoir si l'individu (*A*) emprunte la criminalité de (*B*) et devrait répondre du chef de complicité de vol. La réponse est négative. Il manque un élément pour que l'infraction soit constituée, c'est l'élément moral. À supposer qu'un individu (*A*) décide de commettre un vol dans un appartement dont les propriétaires sont absents. Pour réaliser son projet, il sollicite et obtient le véhicule d'un ami (*B*), lequel accepte de lui procurer cette aide, mais pour ce faire va solliciter le véhicule d'un autre ami (*C*). Dans cette hypothèse, si (*C*) accepte d'apporter son aider à (*B*) en

---

1. Cass. Crim., 8 novembre 1972, Bull. crim., n° 329, in J. PRADEL & A. VARINARD, « Les grands arrêts du droit pénal », Ed. Dalloz, 5e éd. 2005, p. 43.

2. Cass. Crim., 1er décembre 1944, arrêt Paemelabre, D. 1945.162 et 13 janvier 1956, arrêt Nocolaï, D. 1955.291 ; note Chavane, Rev. Sc. Crim., 1955.513 ; Obs Legal, in « Les grands arrêts du droit pénal général », *Op. cit.*, p. 447.

connaissance de cause, il sera poursuivi pour complicité : la *complicité de complicité* est punissable.

Enfin, l'autre question qui reste posée est celle de savoir si l'élément intentionnel de la complicité se déduit nécessairement d'un acte positif, d'une action ou si elle peut aussi résulter d'une omission. Selon la jurisprudence française, la complicité ne peut, en principe, résulter d'une simple inaction qui ne dénote chez l'agent d'aucune intention malveillante de commettre une infraction. Toutefois, cette intention criminelle est caractérisée, dès lors que celui à qui elle est reprochée avait les moyens de s'opposer à la commission de l'infraction : « *Qu'en effet, si la complicité par aide et assistance ne s'aurait s'induire d'une simple inaction ou abstention, elle se trouve en revanche caractérisée lorsque, comme en l'espèce, le demandeur, membre du directoire, ayant connaissance des abus de biens sociaux auxquels se livrait son président, a laissé les commettre, alors qu'il savait les moyens que lui donne la loi de s'y opposer* » [1].

Article 28

Tout individu qui, sciemment et sans équivoque, incite un tiers par l'un des moyens énumérés à l'article 27 à commettre un crime ou un délit, est puni comme auteur de ce crime ou délit, même si celui-ci n'a pas été tenté ou commis.

---

1. Cass. Crim., 28 mai 1980, arrêt Pernot, D. 1981, IR.137 ; Obs. Roujou de Boubée, *In* « Les grands arrêts du droit pénal général », *Op. cit.*, p. 435 et s.

Note.

Lorsqu'une personne encourage ou incite de façon consciente une autre à commettre une infraction et que pour une raison quelconque cette dernière ne commet pas l'acte projeté ou manque de le commettre, doit-elle être punie pour cet agissement ? La réponse de l'article 28 du Code pénal à cette interrogation, quoique pertinente, ne satisfait pas entièrement. En effet, si le texte permet, grâce au système de l'emprunt de pénalité, de lier le sort de cette dernière à celui de l'auteur quant à la répression, il ne dit pas de façon convaincante en quelle qualité cette personne doit être poursuivie. S'agit-il, en l'espèce, d'une complicité (*complicité de tentative*) ou plutôt d'une tentative (*tentative de complicité*) ? Quel est le régime juridique applicable dans les deux cas de figure ?

Généralement, lorsque l'auteur du fait principal n'a commis qu'une tentative dont il s'est désisté volontairement comme c'est le cas dans l'affaire *Lacour* [1] le complice n'est pas punissable, bien qu'il soit étranger au désistement [2]. Ainsi, en l'absence d'un fait principal punissable, la complicité dans l'acte préparatoire (qui s'assimile à la tentative de complicité) échappe à la répression. C'est le fait par exemple de soudoyer quelqu'un pour lui faire commettre un assassinat comme dans l'affaire *Lacour*. Cette tentative de complicité est différente de la complicité de tentative qui demeure punissable et qui est

1. Cass. Crim., 25 octobre 1962, 2 arrêts, Lacour et Schieb-Benamar, JCP, 1963.II.12985, ; note R. Vouin, D. 1963.221 ; D. 1963.221, note P. Bouzat.

2. V° J. PRADEL « Droit pénal général », Ed. Cujas, 2000/2001, p. 382.

rattachée à un commencement d'exécution et à un désistement involontaire.

La non-répression de l'acte de celui qui se rend coupable d'une tentative de complicité est choquante. C'est pourquoi le droit ivoirien a adopté une solution bien différente. Pour le législateur ivoirien, l'acte de complicité étant rattaché au fait principal et non à l'auteur principal, il s'ensuit que la non-répression de l'acte de ce dernier ne fait pas obstacle à la condamnation du complice. C'est tout l'intérêt de l'article 28 du code pénal.

À l'analyse, on se rend compte que l'article 28 n'exige pas la réalisation d'un fait principal punissable au sens de l'article 27 du code pénal, pour envisager la répression, même si l'agent doit avoir fait usage de l'un des moyens énumérés par l'article 27. Par conséquent, il ne s'agit pas d'une complicité au sens de cette disposition, encore moins d'une tentative dont les conditions ne sont pas ici remplies, quand bien même son comportement s'en rapproche.

De notre point de vue, il pourrait s'agir d'un cas atypique de participation criminelle proche à la fois de la tentative et de la complicité que la doctrine qualifie de « tentative de complicité », à ne pas confondre avec la « complicité de tentative » qui demeure toujours punissable.

La complicité étant en réalité une modalité de participation à l'infraction, c'est tout naturellement qu'elle apparait en filigrane dans cette disposition comme un « délit » autonome détachable du fait principal punissable. C'est donc sans étonnement que l'article 28 du Code pénal désolidarise la responsabilité pénale de l'auteur du fait principal, de celle du complice.

En fait, l'article 28 permet de poursuivre et d'obtenir la condamnation du complice de façon autonome, sans tenir compte nécessairement du résultat recherché par l'auteur du fait principal punissable, alors même que l'auteur principal ne le serait pas, comme ce fut le cas dans l'arrêt *Teti Roch d'Assomption*, cité plus haut. Ce qu'il faut retenir c'est que le texte réprime la tentative de complicité [1].

L'article 28 institue, dans le prolongement de l'article 25, une autre qualité d'auteur moral ou « instigateur », celui qui fait usage de l'un des moyens énumérés dans l'article 27 pour passer à l'acte, l'objectif visé par le législateur étant de faire en sorte que l'auteur moral déguisé en complice ne puisse échapper à la répression.

Par ailleurs, l'article 28 introduit une autre curieuse innovation, c'est qu'il réserve au complice le même traitement du point de vue de la sanction pénale que l'auteur du fait incriminé. L'ambiguïté ici réside dans le fait que le complice qui, selon l'article 27, ne prend pas une part directe ou déterminante à la réalisation de l'infraction, est subitement assimilé à l'auteur du fait principal punissable et sanctionné *in fine* plus sévèrement que ce dernier, lequel peut même échapper à la rigueur de la loi pénale, dans l'hypothèse où il renonce à son projet criminel : *« ... même si celui-ci (le crime ou le délit) n'a pas été tenté ou commis ».*

---

1. V° Isabelle FREIJ-DALLOZ, « Répression de la tentative de complicité : commentaire de l'article 28 du code pénal ivoirien », RSC, 1993, Pp. 73 et s.

La jonction du traitement quant à la peine encourue est renforcée davantage, puis consacrée par l'article 30 du code pénal qui, à son tour et dans le prolongement de l'article 27 précédent, assimile la criminalité du coauteur et du complice à celle de l'auteur lui-même de l'acte répréhensible, sanctionnée des peines identiques.

Question : quel intérêt y a-t-il à fondre dans le même moule coauteur, complice et auteur, alors même qu'ils présentent des degrés d'implication très différents dans la commission de l'infraction ? Un traitement distinct ne serait-il pas mieux approprié en termes d'efficacité ? Il s'agit d'une question d'opportunité de politique pénale.

Article 29

Tout coauteur ou complice d'un crime ou d'un délit ou d'une tentative punissable est également pénalement responsable de toute infraction dont la commission ou la tentative était une conséquence prévisible de l'action concertée ou de la complicité.

Note.

Quelques fois, il existe un écart entre l'infraction projetée conjointement et celle effectivement commise, soit parce que l'infraction commise est plus grave, soit parce que le coauteur ou le complice commet une autre infraction, en plus de celle projetée et sans lien avec celle-ci. C'est l'exemple de celui qui prête son fusil pour commettre un braquage, lequel fusil servira à commettre un assassinat. Selon l'article 29 du Code pénal, la différence quant au résultat de l'infraction projetée est sans effet sur la responsabilité pénale de tous les protagonistes. Cette responsabilité demeure entière pour l'infraction non convenue, dès l'instant où celle-ci est la conséquence évidente ou prévisible du projet criminel concerté ou de l'acte de complicité.

Article 30

Tout coauteur ou complice d'un crime, d'un délit ou d'une tentative punissable encourt les mêmes peines et les mêmes mesures de sûreté que l'auteur même de ce crime, de ce délit ou de la tentative punissable.

Note.

Selon l'article 30 du Code pénal, le coauteur et le complice sont punis dans les mêmes conditions que l'auteur de l'infraction commise ou tentée. C'est le système de l'emprunt de pénalité que cette disposition consacre. *De lege lata*, ils encourent les mêmes peines et les mêmes mesures de sûreté que l'auteur du fait incriminé. Toutefois, cela ne signifie pas que le juge devra nécessairement prononcer des peines identiques pour chacun des délinquants. Le texte indique simplement que dans le principe, ils sont passibles ou encourent tous la même sanction pénale. Cependant rien n'empêche le juge de modeler les peines au cas par cas, dans la perspective d'une individualisation de la sanction comme le recommande l'article 33 du Code pénal qui dispose justement que : « *Les peines et mesures de sûreté prononcées dans les limites fixées ou autorisées par la loi doivent tenir compte des circonstances de l'infraction, du danger qu'elle représente, de la personnalité du condamné et de ses possibilités de reclassement.*

Tout coauteur ou complice d'une infraction est puni pour son propre fait, selon le degré de participation, sa culpabilité et le danger que représente son acte et sa personne (...) ». La sanction pénale doit tendre, du point de vue de son utilité et de sa finalité, vers l'amendement et à la réinsertion sociale du délinquant [1].

1. V° Pierrette PONCELA, « Droit de la peine », Ed. PUF, Paris, 1995, p. 51 et s. Sur la réinsertion V° « Le défi de la réinsertion », *In* Actes du colloque du Centre de Recherches de Politique Criminelle, Archives de politique criminelle, p. 98 et s. ; B. BOULOC, « Pénologie », Ed. Dalloz, 2001.

Bibliographie

Traités et Précis de droit pénal

BECCARIA (C.), « Traité des délits et des peines », Ed. GF-Flammarion.

BOUZAT (B.) et **PINATEL** (J.), « Traité de droit pénal et de criminologie », 2e éd., 1970 mise à jour au 15 nov. 1975.

BRILLON (Y.), « Ethno- criminologie de l'Afrique Noire », P.U.M., Vrin, 1980.

DONNEDIEU De VABRES (H.), « Précis de droit criminel », Ed. Dalloz, 3e éd., Paris, 1953.

DONNEDIEU De VABRES (H.), « Traité élémentaire de droit pénal et de législation comparée », Ed. Sirey, 3e éd., 1947.

DOUCET (J.-P.), « Précis de droit pénal général », Liège, 1976.

GARRAUD (R.), « Traité théorique et pratique de droit pénal », Ed. Sirey, 3e éd., Volume 6, 1913-1935.

ROSSI (P.), « Traité de droit pénal », 1863.

VITU (A.) et **MERLE** (R.), « Traité de droit criminel. Droit pénal général », Ed. Cujas, t.1, Paris, 1997.

YAO K. Eloi, « Traité pratique de procédure pénale », Ed. ABC, 2016.

Ouvrages généraux

BENTHAM (J.), « Introduction to the principles of moral legislation »,1789.

BERGEL (J.-L.), « Méthodologie juridique », Coll. Thémis, Ed. PUF, Paris, 2001.

CARBONNIER (J.), « Flexible droit, pour une sociologie du droit sans rigueur », Ed. L.G.D.J., 3e éd. Paris, 1995.

CARBONNIER (J.), « Sociologie juridique », Ed. Quadrige/PUF, Paris 1978.

CARBONNIER (J.), « Droit et passion du droit », Ed. Flammarion, Paris, 1996.

CARBONNIER (J.), « La passion des lois au siècle des Lumières, Essai sur les lois », Ed. PUF, Paris 1979.

CARBONNIER (J.), « Essai sur les lois », Répertoire du notaire, Defrénois, 2e éd., Paris, 1995.

CARTUYVELS (Y.), « D'où vient le Code pénal ? Une approche généalogique des premiers codes pénaux absolutistes au XVIIIe siècle », Bruxelles, De Boeck, 1996.

DEGNI- SEGUI (R.), « Codification et uniformisation du droit », in Encycl. Juridique de l'Afrique, Ed. NEA, 1982.

DEGNI-SEGUI (R.), « Introduction à l'étude du droit », Collection sciences Juridiques, EDUCI, 2009.

DELMAS-MARTY (M.), « Modèles et mouvements de politique criminelle », Ed. Economica, Paris 1981 et « Les grands systèmes de politique criminelle », Coll. Thémis, Ed. PUF, Paris, 1992.

DELMAS- MARTY (M.), **LASCOUMES** (P.), « Réformer le Code pénal : où est passé l'architecte ? », Ed. PUF, Paris, 1998.

DELMAS-MARTY (M.), « Pour un droit commun », Ed. Seuil, 1994.

DELMAS- MARTY (M.) et **LUCAS De LEYSSAC** (C.), (Dir.) « Libertés et droits fondamentaux », Ed. Seuil, 1996.

DURAND (B.), « Histoire comparative des institutions », Centre de Recherche, d'Études et de Documentation sur les Institutions et les Législations africaines (CREDILA), NEA, 1983, P. 307 et s.

DURKHEIM (E.), « De la division du travail social », Ed. Quadrige/PUF, Paris, 1996.

DURKHEIM (E.), « Les règles de la méthode sociologique », Ed. PUF, 16e éd., Paris, 1967.

FERAL-SCHUHL (C.), « Cyberdroit : le droit à l'épreuve d'internet », Ed. Dalloz, Paris, 2006, P. 590 et s.

GARAPON (A.), **GROS** (F.) et Th. **PECH** (Th.), « Et se sera justice. Punir en démocratie », Ed. Odile Jacob, Paris, 2003.

LAZERGES (Ch.), « Introduction à la politique criminelle », Ed. L'Harmattan, Paris.

MONTESQUIEU (C. L.), « De l'esprit des lois », Ed. GF-Flammarion, Paris, 1979.

LASCOUMES (P.), **PONCELA** (P.), **LENOËL** (P.), « Au nom de l'ordre, une histoire politique du Code pénale », Ed. Hachette, 1989.

ROUSSEAU (J.-J.), « Du contrat social », Ed. Gallimard.

ROBERT (Ph.), « Normes, normes juridiques, normes pénales : pour une sociologie des frontières » Ed. L'Harmattan, t.2, Paris, 1997.

ROCHER (G.), « Introduction à la sociologie générale. Le Changement social », Ed. HMH, 1968.

SALAS (D.), « La République pénalisée », Ed. Hachette, Paris, 2002.

SPECTOR et **CASADAMONT** (G), « Profils épistémologiques en criminologie comparée », Rev. Dév. et Soc., 1978.

ROULAND (N.), « Anthropologie juridique », Ed. PUF, Paris, 1988.

VAN de KERCHOVE (M), « Normes, normes juridiques, normes pénales. Pour une sociologie des frontières », Ed. L'Harmattan, T.2, Paris, 1997.

VAN de KERCHOVE (M), « Les lois pénales sont-elles faites pour être appliquées ? Réflexion sur les phénomènes de dissociation entre la validité formelle et l'effectivité des normes juridiques », Publications des Facultés Universitaires Saint-Louis, Bruxelles, 1987.

LOHOUES-OBLE (A. J.), « Le Droit ivoirien des successions », Ed. CNDJ, 2016.

MULLER (J.-C.), « Droit coutumier et structures judiciaires nouvelles : quelques considérations », Centre international de Criminologie comparée, Université de Montréal, 1972.

NENE BI (B. S.), « Introduction historique au droit ivoirien », Ed. CNDJ, 2016.

VANDERLINDEN (J.), « Les systèmes juridiques africains », Ed. PUF, Paris, 1983.

VILLEY (M.), « La formation de la pensée juridique moderne », Ed. Quadrige/PUF, Paris, 2003.

WODIE (F.), « Le juge et la loi », Ed. CERAP, 2011.

Ouvrages et Manuels de Droit pénal et de Criminologie

ALBERNHE (Th.), (Dir.) « Criminologie et psychiatrie », Ed. ellipses, Paris, 1997.

AYE AYE (A), « Droit pénal général. Cours et Travaux dirigés », Ed. ABC.

BORRICAND (J.), « Droit pénal », Ed. Masson, 1973.

BOULOC (B.) et **MATSOPOULOU** (H.), « Droit pénal général et procédure pénale, Ed. Sirey, n° 44.

BRILL (J.-P.), « Précis de droit pénal général », Ed. CEDA, Abidjan, 1987.

CARIO (R.), **RUIZ-VERA** (S.), « Droit(s) des victimes. De l'oubli à la reconnaissance », Ed. L'Harmattan, 2014.

CARIO (R.), « Introduction aux sciences criminelles. Pour une approche globale et intégrée du phénomène criminel », Ed. L'Harmattan, 6e éd., 2008.

CARIO (R.), « Victimologie. De l'effraction du lien intersubjectif à la restauration sociale », Ed. L'Harmattan, Vol.1, Paris, 4e éd., 2012.

CARIO (R.) et **MBANZOULOU** (P.) (Dir.), « La justice restaurative. Une utopie qui marche ? », Ed. L'Harmattan, 2010.

DECOCQ (A.), « Droit pénal général », Ed. A. Colin, Coll. U, 1976.

DEGOFF (M.), « Droit de la sanction », Ed. Economica, Paris 2000, p. 1.

DELMAS-MARTY (M.) et **GIUDICELLI-DELAGE** (G.), « Droit pénal des affaires », 4e éd., p. 58.

DESPORTES (F.), **LE GUNEHEC** (F.), « Le nouveau droit pénal », Ed. Economica, 5e éd. T. 1, Paris, 1998.

GALE (J.-P.), « Droit pénal général. Cours et exercices corrigés », Ed. ABC, 2017.

GASSIN (R.), « Criminologie », Ed. Précis Dalloz, 1994.

MAYAUD (Y.), « Droit pénal général », Ed. PUF, p. 124.

PONCELA (P), « Droit de la peine », Ed. PUF, Pars, 1995.

PRADEL (J.), « Droit pénal comparé », Précis Dalloz, 1994.

PRADEL (J.), « Droit pénal général », Ed. PUF, 15e éd., Paris, 2004.

PRADEL (J.), « Droit pénal général. Introduction au droit pénal général », Ed. Cujas, 1995.

RASSAT (M.-L.), « Droit pénal général », Ed. PUF, 2é éd., Paris 1987.

ROSSI (P.), « Traité de droit pénal », 1863, p. 248.

SALAS (D.), « Du procès pénal », Ed. PUF, Paris 1992.

SORDINO (M.-Ch.), « Droit pénal général », Gualino éditeur, Paris, 2000.

STEFANI (G.), **LEVASSEUR** (G.), **BOULOC** (B.), « Droit pénal général », Ed. Dalloz, p. 4.

SOYER (J.-C.), « Droit pénal et procédure pénale », Ed. L.G.D.J., 13e éd. 1997.

SOYER (J.-C.), « droit pénal et procédure pénale », Ed. LGDJ, p. 42.

VOUIN (R.) et **LEAUTE** (J.), « Droit pénal et Criminologie », Ed. PUF, Coll. Thémis, 1956.

Recueils de jurisprudence, Encyclopédie et Travaux

Encyclopédie juridique de l'Afrique, Droit pénal et Procédure pénale, Tome dixième, Les Nouvelles Editions africaines (NEA), 1982.

Encyclopédie juridique de l'Afrique, L'État et le Droit, Tome Premier, Les Nouvelles Editions africaines (NEA), 1982.

Guide Juridique de la Côte d'Ivoire, Code pénal et Code de procédure pénale, Edition SOFAD, 2e édition, Volume 2.

Guide Juridique de la Côte d'Ivoire, Dictionnaire juridique et Consultations pratiques, Edition SOFAD, 2e édition, Volume 1.

Les Pratiques professionnelles du pénal, Tome 1 à 5, Triangle Edition, Paris, 1992.

Recueil de jurisprudence pénale ivoirienne, USAID/ProJustice.

PRADEL (J.) et **VARINARD** (A.), « Les grands arrêts du droit pénal », Ed. Dalloz, Paris, 2001.

Travaux du 5e Colloque de Criminologie comparée d'Afrique occidentale sur le droit pénal moderne et la survivance de la justice traditionnelle », Université d'Abidjan, Centre International de Criminologie Comparée, Université de Montréal, mai 1975.

Articles de doctrine

ACCAD (L.), « Classification des infractions », in Encyclopédie juridique de l'Afrique Noire, NEA, 1982.

BACHELLIER (X.), « La pouvoir souverain des juges du fond », A.J., n° 68-69, 2010, p. 8 et s.; dans la même revue Christian **CHARRUAULT** « La souveraineté du juge du fond à l'épreuve de quelques faits », p. 14 et s.

BRILLON (Y.), « Ethno-criminologie de l'Afrique Noire », Ed. Vrin, Paris 1980, p. 93 et « La justice moderne et traditionnelle en Côte d'Ivoire », RICPTS, Vol XXVII, n° 3, 1975, Pp. 265-280.

BRILLON (Y.), « Les attitudes des populations à l'égard du système pénal. Une perception négative », RICPTS, Vol. XXXVI, n° 1, 1983, Pp. 76-88.

CARIO (R.) **RUIZ-VERA** (S.), « Victimes d'infractions », Répertoire de procédure pénale, Ed. Dalloz, 2018.

CARTUYVELS (Y.), « D'où vient le Code pénal ? Une approche généalogique des premiers codes pénaux absolutistes au XVIIIe siècle », Bruxelles, De Boeck, 1996.

COSTA-LASCOUX, **GOUDOT**, **MELONE**, **RIVES**, **VERHAEGEN**, **MANGIN**, « Aspects significatifs de la politique criminelle des pays africains », APC, Ed. A. Pedone, Paris, n°1, 1975, p. 91 et s.

COSTA-LASCOUX (J.), « De l'acculturation à la transculturation : l'exemple des droits pénaux africains », L'Année sociologique, Vol. 27, 1976, p. 425 et s.

DANA (A. C.), « Essai sur la notion d'infraction pénale », Thèse, Lyon III, Ed. L.G.D.J., Paris, 1982, n° 48.

DELMAS-MARTY (M.), « La responsabilité pénale des groupements », RIDP, 1990, p. 39.

DELMAS-MARTY (M.), « Le droit pénal, l'individu et l'entreprise : culpabilité du fait d'autrui ou du décideur », JCP, 1985.I.3218.

DESPORTES (F.) et Le **GUNEHEC** (F.), « Responsabilité pénale des personnes morales », Petites Affiches, 1996, numéro spécial.

DONNEDIEU De VABRE (H.), « Les limites de la responsabilité pénale », RIDP, 1950, p. 339.

D'HAUTEVILLE (A.), « Les transformations de la faute pénale », in Le nouveau Code pénal, dix ans après, Ed. A. Pedone, Paris, 2005, Pp. 1-18.

FREIJ-DALLOZ (I.), « Répression de la tentative de complicité : commentaire de l'article 28 du code pénal ivoirien », RSC, 1993, P. 73 et s.

JESTAZ (Ph.), « La sanction ou l'inconnu du droit », D. 1986, Chron., p. 197.

GONIDEC (P.-F.), « Réflexion sur l'État et le droit en Afrique », Penant, n° 783, Paris, 1984, p. 16 et s.

KENSEY (A.), **TOURNIER** (P.), « Le retour en prison, analyse diachronique » SCERI, Direction de la l'Administration pénitentiaire, Travaux et Documents, Paris, 1991, n° 40 ; « Libération sans retour ? », Ministère de la Justice, SCER/CESDP, 1994.

LANDREVILLE (P.), « Normes sociales et normes pénales », Cahier de l'Etude de la Criminologie, Université de Montréal, 1983, n° 12.

LASCOUMES (P.), **SERVERIN** (E.), « Théories et pratiques de l'efficacité du droit », Rev. Droit et Société, Paris, 1986, n° 2, p. 145.

LE ROY (E.), « Le justiciable africain et la découverte d'une voie négociée de règlement des conflits » in *Afrique Contemporaine*, n° 156-4/1990, Pp. 111-120.

LE ROY (E.), « Formation des droits non étatiques », in Encycl. Juridique de l'Afrique, Ed. NEA, 1982, p. 355.

MANACORDA (S.), « La théorie générale de l'infraction en France : les lacunes ou spécificités des sciences pénales », RDPC, 1999, p. 35 et s.

MARGADA (P.), « Acteur social et création des lois », in Acteur social et Délinquance, Bruxelles, 1990, p. 19.

PENE (G.), « La dot traditionnelle en Côte d'Ivoire », RID, 1972/2, Doctrine, P. 11 et s.

PONCELA (P.), « Droit et morale : la question pénale », in *Droit, société, histoire : Michel Villey, Philosophie du droit,* Presses universitaires d'Aix-Marseille, 1984, p. 145.

RAYNAL (M.), « Politique criminelle et justice traditionnelle en Centrafrique », APC, Ed. A. Pedone, Paris, 1992, p. 56 et s.

YAO (K.E.), « Quelques observations sur la délinquance des mineurs en France », RICPTS, Vol. 5, n° 4, Genève, 2002.

YAO (K.E.), « Les choix de politique criminelle dans le Code pénal ivoirien », Revue de Science Criminelle et de droit pénal comparé (RSC), n° 4, 2004, p. 763 et s.

YAO (K.E.), « Uniformisation et Droit pénal : esquisse d'un droit pénal des affaires dans l'espace Ohada », RIDPC, Pp. 661-696.

Table des matières

L'OCTROI DE MER

L'ultime réforme

Fred Le Breton

Survivance du passé colonial, l'octroi de mer est un impôt qui touche les Régions Ultra Périphériques (RUP) de Guadeloupe, Guyane, Martinique, Mayotte et La Réunion. La Communauté européenne ne voulant pas de restriction à la libre-circulation des marchandises, beaucoup prédisent la disparition prochaine de cet impôt. Cet ouvrage présente la lente mais inéluctable évolution de cette question qui, depuis des siècles, a toujours été au centre de la vie politique et économique dont seule une réponse juridique et fiscale de taille est attendue.

(352 p., 33 euros)

ISBN : 978-2-343-13752-0, EAN EBOOK : 9782140074141

LA COUR PÉNALE INTERNATIONALE

Entre nécessité de justice et impératif de paix

Dindio Konaté

Préface de Francis Dacko - Postface de Gaelle Carayon

La Cour pénale internationale (CPI), avancée notable en ce XXIè siècle, apparaît sous les feux des projecteurs. Au-delà des critiques dont elle fait l'objet, se posent la question de la justice et de la paix, deux notions que la Cour doit s'efforcer de conjuguer. L'avènement de la CPI a suscité beaucoup d'espoirs, mais pour que celle-ci joue pleinement son rôle, elle doit effectuer sa mue et se débarrasser des limites tant textuelles qu'opérationnelles qui minent son action. Certes, imparfaite, la CPI n'en demeure pas moins à ce jour le modèle le plus achevé d'une juridiction internationale pénale.

(Coll. Harmattan Côte-d'Ivoire, 226 p., 23 euros)

ISBN : 978-2-343-13616-5, EAN EBOOK : 9782140057724

DROIT DE L'INTÉGRATION AFRICAINE

Organisations communautaires en Afrique de l'Ouest, rapports entre les organisations sous-régionales, l'Union africaine et l'Organisation des Nations unies, défis prioritaires de l'intégration en Afrique

Kémoko Diakité

Préface de Abdoulaye Sakho

Cet ouvrage se veut une contribution à la réflexion sur les organisations d'intégration en Afrique, notamment ouest-africaine telles que la CEDEAO, l'UEMOA et l'OHADA. Il met en exergue le régime juridique des actes de la CEDEAO, de l'UEMOA et de l'OHADA, fait une analyse actualisée du droit communautaire matériel et évoque les réformes institutionnelles récentes des différentes organisations.

(192 p., 20 euros)

ISBN : 978-2-343-10024-1, EAN EBOOK : 9782140046858

LA PROBLÉMATIQUE DE LA RÉPRESSION DES CRIMES DE GUERRE ET DES CRIMES DE GÉNOCIDE EN AFRIQUE

Taïcha Maïga

La répression des crimes internationaux, dont les crimes de guerre et de génocide, constitue une préoccupation majeure pour la communauté internationale. Mais la mise en oeuvre d'une stratégie pénale commune est devenue problématique. La détermination de l'Union africaine et des États africains dans la voie de l'africanisation de la répression des crimes internationaux les a conduits à créer la Cour africaine de justice, des droits de l'homme et des peuples (CAJDHP) et les Chambres africaines extraordinaires (CAE). Cette africanisation de la répression des crimes internationaux permettra-t-elle cependant la fin de l'impunité en Afrique ?

(Coll. Harmattan Sénégal, 376 p., 37,5 euros)

ISBN : 978-2-343-12934-1, EAN EBOOK : 9782140048401

JUSTICE SOCIALE ET PAIX EN AFRIQUE

Réflexions sur les voies du droit

Halidou Yacouba

Face au malaise et à la crise endémique que traverse le processus démocratique africain, il importe de jeter un regard analytique et réflexif sur la problématique de la paix en Afrique. Cet ouvrage montre que la construction d'une paix civile et politique laisse entrevoir que sa condition première, originelle et fondamentale, c'est la justice entendue à la fois comme pratique du bien et application du droit.

(Coll. Études africaines, 296 p., 31 euros)

ISBN : 978-2-343-13042-2, EAN EBOOK : 9782140047138

LA DIFFUSION DU DROIT INTERNATIONAL PÉNAL DANS LES ORDRES JURIDIQUES AFRICAINS

Herman Blaise Ngameni

Préface de Franck Latty

L'Afrique est le terrain de prédilection du pluralisme juridique qui favorise la juxtaposition de l'ordre juridique moderne et l'ordre juridique traditionnel. L'articulation du droit international pénal avec les ordres juridiques africains est une condition de sa diffusion. Il importe pour les États africains de favoriser une coopération effective avec les juridictions pénales internationales qui ne sera possible qu'au sein de régimes politiques démocratiques. Ceci est nécessaire pour un véritable universalisme du droit international pénal.

(Coll. Études africaines, 682 p., 49 euros)

ISBN : 978-2-343-12855-9, EAN EBOOK : 9782140046162

LA CONVERSION DES ACTES JURIDIQUES

Hafedh Bouaziz

Préface d'Olivier Gout. Avant-propos de Sami Jerbi

Cet ouvrage voudrait contribuer à faire de la conversion une notion connue et reconnue en droit. Pour y parvenir, l'auteur propose une analyse renouvelée de cette institution dans son acception et sa mise en oeuvre. Il s'agit alors de redéfinir la notion même de conversion. L'essor de la conversion invite aussi à s'engager sur le chemin de la rénovation de son régime, dans le sens de l'accroissement des pouvoirs du juge en la matière.

(Coll. Logiques Juridiques, 510 p., 45 euros)

ISBN : 978-2-343-15031-4, EAN EBOOK : 9782140098086

LA COUR CONSTITUTIONNELLE ET LE PEUPLE AU BÉNIN

D'un juge constitutionnel institué à un procureur suzerain

Oladé Okunlola Moïse Laleye

Préface de Pierre E. Ehoumi - Postface de l'abbé Arnaud Eric Aguénounon

L'institution d'un nouveau juge constitutionnel après la longue nuit du régime révolutionnaire totalitaire au Bénin de 1972 à 1989 s'illustre comme l'achèvement de la lutte du peuple pour la démocratie, les libertés de l'Etat de droit depuis les origines précoloniales du pays. Après un quart de siècle d'exercice de son office, la cour constitutionnelle pèche irrésistiblement par la qualité de sa productivité jurisprudentielle. Cet ouvrage propose d'ouvrir un débat sur la cour constitutionnelle au regard d'une évaluation objective de sa production juridictionnelle, voire institutionnelle. Ainsi la justice constitutionnelle retrouvera son sens et sa mission républicaine.

(Coll. Études africaines, 686 p., 49 euros)

ISBN : 978-2-343-14822-9, EAN EBOOK : 9782140095801

LE SAC DU SALON D'ÉTÉ

L'affaire Dubuffet - Régie Renault

Jean Robert Bouyeure

Le Salon d'été conçu par Jean Dubuffet devait être une sculpture monumentale qui serait édifiée, aux frais de la Régie Renault, à Boulogne-Billancourt. En 1975, cependant, et alors que la moitié de l'oeuvre était déjà construite, la Régie décida d'arrêter les travaux et de rompre le contrat. Dubuffet intenta alors un procès pour contraindre la Régie à achever l'oeuvre. L'un des avocats de l'artiste raconte ce marathon. Procès au dénouement surprenant, mais qui a permis aux tribunaux de donner une définition de l'oeuvre d'art et de préciser le contenu du droit moral de l'artiste en cas de construction monumentale.

(Coll. La justice au quotidien, 156 p., 19 euros)

ISBN : 978-2-343-14890-8, EAN EBOOK : 9782140095726

LA MÉDIATION POUR TOUS DANS L'ESPACE OHADA ET EN AFRIQUE DE L'OUEST

Théorie, pratique et cadre juridique de la médiation

Béatrice Blohorn-Brenneur

Avec la collaboration de Michel Tchicaya, Avant-propos de Jacques Salzer, Préface de François Komoin

Cet ouvrage met à la portée de tous les règles et techniques utilisées en médiation. Conçu comme un manuel d'autoformation, illustré de nombreux exemples et cas réels, il précise le cadre juridique actuel de la médiation dans l'espace Ohada. Il offre aussi des repères indispensables au lecteur non juriste. Partie de la tradition ancestrale de l'arbre à palabres, la médiation se structure et se développe en Afrique de l'Ouest. Au carrefour du droit et de la communication, la médiation est une discipline à part entière.

(228 p., 23,5 euros)

ISBN : 978-2-343-14910-3, EAN EBOOK : 9782140095054

Structures éditoriales du groupe L'Harmattan

L'Harmattan Italie
Via degli Artisti, 15
10124 Torino
harmattan.italia@gmail.com

L'Harmattan Hongrie
Kossuth l. u. 14-16.
1053 Budapest
harmattan@harmattan.hu

L'Harmattan Sénégal
10 VDN en face Mermoz
BP 45034 Dakar-Fann
senharmattan@gmail.com

L'Harmattan Cameroun
TSINGA/FECAFOOT
BP 11486 Yaoundé
inkoukam@gmail.com

L'Harmattan Burkina Faso
Achille Somé – tengnule@hotmail.fr

L'Harmattan Guinée
Almamya, rue KA 028 OKB Agency
BP 3470 Conakry
harmattanguinee@yahoo.fr

L'Harmattan RDC
185, avenue Nyangwe
Commune de Lingwala – Kinshasa
matangilamusadila@yahoo.fr

L'Harmattan Congo
67, boulevard Denis-Sassou-N'Guesso
BP 2874 Brazzaville
harmattan.congo@yahoo.fr

L'Harmattan Mali
Sirakoro-Meguetana V31
Bamako
syllaka@yahoo.fr

L'Harmattan Togo
Djidjole – Lomé
Maison Amela
face EPP BATOME
ddamela@aol.com

L'Harmattan Côte d'Ivoire
Résidence Karl – Cité des Arts
Abidjan-Cocody
03 BP 1588 Abidjan
espace_harmattan.ci@hotmail.fr

L'Harmattan Algérie
22, rue Moulay-Mohamed
31000 Oran
info2@harmattan-algerie.com

L'Harmattan Maroc
5, rue Ferrane-Kouicha, Talaâ-Elkbira
Chrableyine, Fès-Médine
30000 Fès
harmattan.maroc@gmail.com

Nos librairies en France

Librairie internationale
16, rue des Écoles – 75005 Paris
librairie.internationale@harmattan.fr
01 40 46 79 11
www.librairieharmattan.com

Librairie l'Espace Harmattan
21 bis, rue des Écoles – 75005 Paris
librairie.espace@harmattan.fr
01 43 29 49 42

Lib. sciences humaines & histoire
21, rue des Écoles – 75005 Paris
librairie.sh@harmattan.fr
01 46 34 13 71
www.librairieharmattansh.com

Lib. Méditerranée & Moyen-Orient
7, rue des Carmes – 75005 Paris
librairie.mediterranee@harmattan.fr
01 43 29 71 15

Librairie Le Lucernaire
53, rue Notre-Dame-des-Champs – 75006 Paris
librairie@lucernaire.fr
01 42 22 67 13

www.ingramcontent.com/pod-product-compliance
Lightning Source LLC
LaVergne TN
LVHW051352061026
849535LV00009B/3150